车联网和自动驾驶环境下的
交通建模、监视与控制

郑彭军 王亦兵 张　钊 邬佳欣 温亦晴 著

吉林大学 出版社

·长　春·

图书在版编目（ＣＩＰ）数据

车联网和自动驾驶环境下的交通建模、监视与控制 /
郑彭军等著. -- 长春 : 吉林大学出版社，2024. 10.
ISBN 978-7-5768-4016-2

Ⅰ. U463.67

中国国家版本馆 CIP 数据核字第 2024NF5475 号

书　　　名：车联网和自动驾驶环境下的交通建模、监视与控制
CHELIANWANG HE ZIDONG JIASHI HUANJING XIA DE JIAOTONG JIANMO、JIANSHI YU KONGZHI

作　　者：郑彭军　王亦兵　张钊　邬佳欣　温亦晴
策划编辑：黄国彬
责任编辑：张采逸
责任校对：刘守秀
装帧设计：姜文
出版发行：吉林大学出版社
社　　址：长春市人民大街 4059 号
邮政编码：130021
发行电话：0431-89580036/58
网　　址：http://www.jlup.com.cn
电子邮箱：jldxcbs@sina.com
印　　刷：浙江新华印刷技术有限公司
开　　本：787mm×1092mm　　1/16
印　　张：10
字　　数：150 千字
版　　次：2024 年 10 月　第 1 版
印　　次：2024 年 10 月　第 1 次
书　　号：ISBN 978-7-5768-4016-2
定　　价：65.00 元

前　言

随着社会的快速发展和城市化进程的加快，城市交通的日益拥堵和环境污染的加剧，道路交通系统的复杂性和动态性也在不断增加。作为一个大规模、非线性、复杂的随机时空动态过程，道路交通流的有效管理已成为现代交通管理的重要任务。然而，传统的交通管理方式已经难以满足社会发展的需求。车联网和自动驾驶技术的发展为交通建模、监视和控制提供了新的契机和机遇。车联网和自动驾驶环境下的交通建模、监视与控制是实现智能交通系统的关键技术，具有重要的理论意义和现实应用价值。

本专著以"车联网和自动驾驶环境下的交通建模、监视与控制"为题，系统探讨了在智能交通系统（intelligent traffic system，ITS）背景下，交通流理论、交通状态估计及其控制策略的前沿研究和实际应用。

交通建模是研究交通流运行规律的基础，它基于交通流理论，通过建立反映车辆运动和交通流物理特性的数学模型，揭示交通流运行的基本规律，是理解和优化交通流的基础，为交通监视和控制提供理论依据。传统的交通建模方法主要基于宏观交通流理论，但难以准确反映车联网和自动驾驶环境下的交通流特征。因此，需要开发新的交通建模方法，以更好地描述车联网和自动驾驶环境下的交通流动力学行为。

交通监视是先进交通控制系统不可或缺的信息平台，它通过交通状态估计技术，在有限的交通检测数据的基础上，在线重构路网交通状态的完整信息，为交通控制提供实时的交通信息。传统的交通监视方法主要依靠固定式检测器，但无法满足车联网和自动驾驶环境下的实时交通信息需求。因此，需要开发新的交通监视方法，以实现对车联网和自动驾驶环境下交通流的实时、准确监测。

交通控制是交通管理的核心，通过动态分配时空路权来平衡交通需求和道路通行能力，优化交通效率，改善行车安全，降低污染排放。传统的交通控制方法主要基于固定信号控制，但难以适应车联网和自动驾驶环境下的交通变化。因此，需要开发新的交通控制方法，以实现对车联网和自动驾驶环境下交通流的动态、协同控制。

本书聚焦于车联网和自动驾驶环境下的交通建模、监视与控制，旨在开发适用于车联网和自动驾驶环境下的交通建模、监视与控制方法，以提升交通系统的效率、安全性和环保性。主要内容如下。

（1）交通建模：分析协同自适应巡航控制（CACC，cooperative adaptive cruise control）技术对整体交通流动态特性的影响，揭示其对交通流稳定性和通行能力的贡献；构建更加精细和准确的宏观交通流模型，以便更好地理解和预测在 CACC 条件下的交通流行为。

（2）交通监视：研究欧拉交通流模型与移动检测数据的融合与适配，并开发使用混合检测数据的欧拉交通状态估计方法。将欧拉交通流模型与移动检测数据相结合，开发融合方法，提高交通状态估计的准确性和实时性；在混合使用固定和移动检测数据的情况下，进行欧拉交通状态估计，弥补传统检测设备覆盖不足的问题，提供更加全面的交通状态信息。

（3）交通控制：研究基于协同自适应巡航控制的交通瓶颈通行效率优化方法，基于反馈控制的交通流动态车道分配方法，面向生态驾驶的自动车轨迹优化方法，高速公路入口匝道协同汇流控制方法，以及基于匝道调节、可变限速和自动换道的高速公路交通控制方法。利用 CACC 技术，提高交通瓶颈路段的通行效率，减少交通拥堵；通过反馈控制机制，动态调整车道分配，提高交通流的整体通行能力；在生态驾驶背景下，优化自动驾驶车辆的行驶轨迹，减少能耗和排放；协调高速公路入口匝道的车辆流量，优化汇流过程，提高主线交通流的稳定性；综合应用匝道调节、可变限速和自动换道技术，全面提升高速公路的交通管理水平。

本专著的研究成果具有重要的理论意义和应用价值。理论上，深化了对车联网和自动驾驶环境下交通流运行规律的认识，为交通建模、监视与控制理论的发展提供了新的思路。应用上，研究成果可用于开发车联网和自动驾驶环境下的交通管理系统，提高交通系统的效率、安全性和环保性，缓解城市交通拥堵和环境污染问题。可供城市交通管理者、智能交通系统开发者、交通运输领域的科研人员参考和借鉴。我们期待这些研究能够在实际应用中得到推广，为解决日益复杂的交通问题贡献力量。

本研究得到了国家重点研发计划（2017YFE0194700）、国家自然科学基金（52272334）、宁波国际科技合作项目（2023H020）、浙江省"尖兵""领雁"研发攻关计划项目（2024C01180）及"111"计划跨海大桥安全保障与智能运行学科创新引智基地(D21013) 等资助。

2024年10月

作者

1

绪 论

1.1 研究背景

城市道路交通面临事故频发、拥堵严重、环境污染等若干问题，难以满足人们日益增长的交通出行需求，特别是在节假日交通需求高峰时期，道路交通拥堵导致交通系统通行效率降低、出行时间增加、安全水平下降、环境污染加重等问题。当交通需求较高时，高速公路拥堵一般是从匝道口、隧道、车道数突变等瓶颈路段开始蔓延，车辆从瓶颈处开始累积排队，不断向上游蔓延，甚至导致整条高速公路及周边路网陷入瘫痪。高速路瓶颈拥堵一般是由于瓶颈处的通行能力相较于其他路段较低，交通流较为稠密，车辆紧密跟驰，车辆加减速、换道行为频繁发生，车辆间相互干扰加强，走走停停现象发生，常导致交通流运行状态紊乱、交通运行速度降低、通行能力下降等问题，进而引发严重的交通拥堵。

道路交通拥堵已经严重威胁社会经济发展，而传统交通管控已接近其能力极限，急需找到根本性的解决方案，车联网和自动驾驶恰恰有望提供这样的解决方案。依托车联网和自动驾驶提供的强大的、前所未有的信息和操控平台，许多过去无法想象的交通管控任务将有可能在这个崭新平台上得以完成。

国务院在《中国制造2025》中明确指出将智能网联汽车作为一个重点发展方向。车联网和自动驾驶 CAV（connected and automated vehicle）在减少交通事故、缓解交通拥堵、提高道路及车辆利用率方面具有巨大潜能[1]，已成为目前智能交通领域的研究热点，也是目前公认的交通科技的前沿发展方向。CAV 技术可能带来颠覆性变革，对未来的社会经济发展和科技创新具有十分重大的意义，拥有巨大的科学价值，将产生巨大的社会、经济和生态效益。

先进的道路交通控制涉及交通系统建模、监视和控制三个层次的任务。在 CAV 环境下，这些任务都将面临上述机遇和挑战。本项目集中考察 CAV 环境下的交通建模、监视和控制。从全球范围看，面向 CAV 的交通系统层级的建模、监视和控制研究才刚刚开始。

车–车、车–路的信息交互带来了传统驾驶模式和车辆运行行为特性（跟驰、换道、超车、交叉口通行等）的诸多变化。在微观层面，国内外研究者提出了基于博弈论方法的车辆换道行为模型、CAV 跟驰模型和协同换道等，在宏观层面分别研究了 CAV 对道路通行能力、交通流稳定性等宏观形态的影响和交通流异质性条件下的道路通行能力模型。但总体而言，CAV 环境下的交通建模研究刚刚起步，深入和拓展研究的空间很大。

1.2 研究现状

1.2.1 交通建模

车辆运行中需要采取横向和纵向两个方面的行为。纵向模型旨在保持所需的速度或与前车保持安全距离（即车辆跟驰），而横向模型包括保持车道或改变车道（用于超车、汇入、汇出等）。研究者们在

CAVs 的纵向机动方面已经开展了大量的工作，其中协同自适应巡航控制 CACC 是迄今为止最有前途的 CAV 技术之一。关于 CACC 的研究主要有两个重点：①单个 CAV [2-3] 和 CAV 队列 [4-5] 的 CACC 控制策略设计；② CACC 对交通流的影响 [6-7]。对①的研究基本上遵循控制理论的路径，强调 CACC 宏观模型的串联稳定性；对②的研究主要基于微观模拟，涉及多种考虑和复杂问题的建模。

1.2.1.1 协同自适应巡航控制模型

国外一般将协同自适应巡航控制称为 CACC 技术，大多数研究的侧重点是 CACC 通信技术及其稳定性分析 [8]。针对 CACC 技术，加州大学伯克利分校的 PATH（partners for advanced transportation technology）研究团队已经对其研究了三十余年，该团队构建了一整套 CACC 技术，而且对其稳定性进行了研究和分析 [9]。基于 PATH 项目，研究人员进行了进一步的理论探讨，Alvarez 等讨论了如何定义安全区域并避免车辆之间的碰撞 [10]。日本启动了相应的计划 Energy-ITS 来研究智能交通系统，基于 Energy-ITS，Yamabes 等 [11] 分析了当领航者进行紧急制动时驾驶员的行为。欧盟也开展了对车辆编队的研究（European trunk platooning challenge），主要是研究装货卡车的编队，随后各大车企也纷纷加入了对车辆编队的研发。研究表明，如果道路上 CACC 技术的渗透率为 100%，道路单车道通行能力可以提升到目前的两倍多，达到 4 200 辆 /h 以上 [12-14]。有的学者对 CACC 技术在一些特定场景下的表现情况进行了研究，LEE 等人 [15] 的研究表明在城市道路交叉口，CACC 技术的应用可以减少三分之一的排放和油耗。还有许多研究将人的因素考虑进来，开发出了适应现实世界的 CACC 技术。有的学者还将车队组织技术应用到移动机器人领域，在抢险救灾、应急救援等领域进行了应用规划。在场景实现的技术方面，现有的研究大都是单纯地实现组队，只涉及队列在一般道路上的纵向控制。协同自适应巡航控制大体是目前自动驾驶研发工作所达到的最高层次。未来无论车联网和自动驾驶将沿什么具体路径继续演化和发展，基于 CACC 的自动车编队运行将是公路自动驾驶的主要模式之一，学术界和工业界对此已大体达成共识。与单纯研究 CACC 技术、控制的实现方法不同，CACC 技术在车–路协同领域的应用也非常广泛，这也是本研究的出发点，即利用 CACC 车队技术实现车辆集中管控，提高道路交通系统的运输效率、安全性和韧性。

1.2.1.2 CACC 宏观交通流稳定性分析

东南大学的王昊团队针对 CAV 及 CACC 对交通流的系统影响进行了较为深入的研究[16]。秦严严等人[17]用优化速度模型 OVM（optimal velocity model）当作人工驾驶车辆跟驰模型，PATH 真车实验标定的模型作为 CACC 车队控制模型，基于传递函数理论，得到了有 CACC 车队参与下的交通流稳定性判别条件。研究结果表明：CACC 车头时距随 CACC 比例的增大而逐渐降低，当 CACC 比例大于 35% 时，混合交通流在任意速度下稳定。北京交通大学的陈俊杰和上官伟等人[18]从提升车队对周围交通流环境的认知能力的角度出发，通过建立车队周围多车运行模式的速度场，获取车队周围多车运行模式并分类，比较不同多车运行模式下车队的运行效率，使得车队能够选取有利路径行驶，同时能够为车队运行策略的优化提供有效的信息。研究结果表明，在其实验设定的 4 个车队间距参数中，通过将车队间距从 5 m 增加到 15 m，车队平均速度和交通流平均速度可提升 17.14% 和 17.16%。

CACC 技术可以减小车头时距，提高通行能力。但在有人工驾驶车辆参与的混合交通流下，交通流具有异质性，其振荡、稳定性、安全性，以及对交通系统运行效率的整体影响值得进一步探讨。国外对 CACC 的研究相对较早，Van Arem 等人[14]使用其开发的 CACC 仿真模型 MIXIC（microscopic model for simulation of intelligent cruise control）对高速路匝道汇入区域进行了仿真，结果显示 CACC 的应用对单车道和多车道高速公路路段的通行能力有较大提升，在 CACC 渗透率达到 100% 的情况下，通行能力可达到 4 250 辆/（车道·h）。Shladover 等人[19]经过仿真测试发现，在 CACC 渗透率达到 90% 的情况下，单车道的通行能力可达到 3 600 辆/h 以上。但上述研究的结论大都建立在单车道或多车道车辆无相互影响的情况下，实际中组队车辆会涉及换道超车等驾驶行为，因此，上述研究高估了 CACC 对道路通行能力的提升效果。基于此，诸多研究对多车道道路的通行能力进行了探究，考虑相邻车道间的换道行为甚至组队策略的改变对通行能力的影响[20]。东南大学的董长印和王昊等人[21]以下匝道瓶颈路段为研究背景，考虑人工驾驶车辆、自适应巡航控制车辆、CACC 车辆，建立了混入智能车的混合交通流模型，基于车辆下匝道行驶特性，引入车辆感知范围、换道控制区域长度、换道冒险因子等参数，建立了控制车辆横向运动的自由换道和强制换道模型，并利用元胞自动机进行数值仿真。结果表明，当 CACC 车辆混入率低于 50% 时，CACC 退化成 ACC（adaptive cruise control）的概率增大，系统稳定性下降，交通拥堵呈恶化趋势；当 CACC 车辆混入率超过 50% 时，车辆运行速度提升，拥堵消散能力提高。此外，增大车辆感知范围、加长换道区域长度、提高换道冒险程度，都对下匝道瓶颈路段主线的交通状况有所改善，但对匝道运行效率的改善并不明显。

1.2.1.3　CACC 专用道与车队控制模型

Zhong 等人[22]分析了 CACC 专用车道（managed lane）策略在不同 CACC 渗透率下的适用性，利用 CACC 仿真平台，研究了四种专用车道设置策略对混合交通条件下 CACC 交通流的影响。Guo 等人[23]针对上匝道瓶颈区域的效率优化问题，综合应用自动驾驶专用道、协同自适应巡航（CACC）、速度调和 SH（speed harmonization）、协同汇入（cooperative merging）等技术，以车辆 CACC 队列为协同控制单元，并考虑车队头车为 CV（connected vehicle），不可控制，但可广播其信息）的情况，控制汇入车队与主路车队的车头时距，实现协同控制通过交汇区域，从而减少对主路交通流的影响，提高通行效率和安全性。

　　Shladover 等为 ACC 和 CACC 车辆提出了控制算法[19]。这类控制算法根据车辆动力学进行设计，考虑了乘客舒适。该控制算法包括了对 ACC/CACC 车辆行驶速度的控制和对车间距离的控制，以使车辆速度接近限速并尽可能维持期望车头间距。Milanés 等在 Shladover 的基础上进一步改善了 ACC 和 CACC 控制算法，使其更加接近真实测试数据[24]。秦严严等对该 CACC 跟驰模型进行了改进，并分析了不同 CACC 比例下的混合交通流特性[25]。ACC 车辆的控制方法主要包括模型预测控制法 MPC（model predictive control）和模糊控制两种。Naranjo 基于模糊控制器，根据 ACC 车辆位置和相关交通信息输出油门或制动踏板所需压力，控制车辆加减速[26]。Naus 等利用 MPC 设计了一种 ACC 车辆跟驰模型[27]，该模型的优点在于根据 ACC 关键特征进行了参数化，使它能够被更加容易和直观地校正。CACC 车辆的控制方法主要包括模型预测控制法（MPC）和比例微分控制模型 PD（proportional-derivative）。Kianfar 等利用 MPC 模型实现 CACC 控制，以使 CACC 车辆在允许的安全范围内最小化跟车距离，保持理想速度并减小行驶震荡[28]。Naus 等设计了一种 CACC 分散化控制器[29]，该控制器在 PD 模型中引入前反馈，仅基于前车信息实现车流稳定。类似地，Milanés 等利用 PD 模型对 CACC 车辆实施控制，在控制逻辑中引入前馈项，以缩短车间距离[3]。

1.2.2　交通监视

　　交通监视的目的是在有限的传感数据的基础上，以适当的时空分辨率实时推断道路上的交通流变量。交通监视曾经使用来自现场传感器（如环路、雷达、摄像机）的传感数据进行[1-6]。如今，在V2X（vehicle to everything）通信能力的支持下，CAVs可以作为浮动或移动传感器，实时报告自己的位置、速度和加速度以及邻近的交通状态信息，为显著改善交通监视提供前所未有的机会。

1.2.2.1　混合检测的交通状态估计

　　迄今为止，基于混合检测数据的高速公路交通状态估计的研究工作主要基于一阶LWR（lighthill-whitham-richards）/CTM（cell transmission model）模型和高阶ARZ（Aw-Rascle-Zhang）模型，还很少使用高阶PW（payne-whitham）类模型，如METANET（meta-network）。基于纯粹固定检测数据已经被证实，模型参数在线估计对交通状态估计至关重要。在混合检测条件下，模型参数在线估计的重要性还未经考查，是否依然是交通状态估计不可或缺的重要环节还有待研究。

　　LWR/CTM模型：此类工作主要基于CTM[30-37]或CTM的速度驱动变体"v-CTM"[38-41]。使用的滤波方法包括卡尔曼滤波KF（Kalman filter）[35-36]、扩展卡尔曼滤波EKF（extended Kalman filter）[30-31]、集合卡尔曼滤波EnKF（ensemble Kalman filter）[33, 35, 38, 40-42]、无迹卡尔曼滤波器UKF（unscented Kalman filter）[37]和粒子滤波器PF（particle filter）[32, 34, 42-43]。Wright和Horowitz[43]深入讨论了如何将PF应用于交通状态估计。Seo等人对比了KF、EKF、EnKF、UKF和PF方法对交通状态估计的影响[44]。在模型参数估计方面，Xia等人[42]使用一阶模型讨论了模型参数在线估计，所报告的结果很有限。Chen和

Levin[37]结合 CTM 讨论模型参数在线估计对交通状态估计的意义，但未详细说明模型参数在线估计的实现方法。另外，离线模型参数标定工作在 Seo 等人[45]的研究中有报道。

高阶模型：只有少数面向混合检测数据的交通状态估计工作采用了高阶模型。Nanthawichit 等人[46]使用 KF 方法，Liu 等人[47]使用 EKF 方法，Wang 等人[48]使用改进的 KF 方法，但是相关研究结果有限。Agalliadis 等人[49]使用 METANET 和 UKF，试图研究有限检测数据对交通状态估计的影响，但未报告具体研究结果。Wang 等人[50]、Wilkie 等人[51]和 Seo 等人[52]分别使用 EnKF、EKF 和 PF，基于 ARZ 模型做交通状态估计。有关模型参数估计，Blandin 等人[53]和 Fan 等人[54]分别针对相位传输（phase transition，PT）模型和广义 ARZ 模型（二者均是 ARZ 的变体模型）做离线模型参数标定。Wang 等人[48]使用 KF 和遗传算法并行，分别处理交通流变量估计和模型参数估计，因时间步长不同，交通流变量和模型参数的估计并不同步。到目前为止，混合检测数据情况下基于高阶模型的交通状态估计工作均未考虑模型参数在线估计。

除了基于一阶和高阶模型的研究外，Markos Papageorgiou 及其合作者们最近还开发了一种基于混合检测数据的交通状态估计新方法[55-58]。该方法基于速度一致性假设：常规车辆的平均速度和浮动车辆的平均速度大致相等。该合理假设已得到真实数据验证[36, 55]。利用这个方法，可以仅基于车辆守恒方程来设计交通状态估计器，而无须使用任何速度方程，因此无须考虑模型参数在线估计，进而显著简化估计器设计，而不影响估计器性能。

国内有很多学者使用滤波方法做交通状态估计研究[59-74]。其中，大部分工作针对纯粹的固定检测器数据[60-74]，所使用的模型几乎都是高阶模型[60-64, 66-74]，较少采用一阶模型[62, 65]，运用的滤波方法包括扩展卡尔曼滤波[60-71]、无迹卡尔曼滤波[68-70]和粒子滤波[71-74]。基于混合检测数据做交通状态估计的工作较少，例如，李志伟[75]结合卡尔曼滤波和一阶CTM模型实现自由流交通状况下的交通状态估计工作，利用微观仿真数据验证方法的有效性，所报告的结果十分有限。何赏璐[59]结合渐进式扩展卡尔曼滤波和METANET模型，基于手机移动数据和固定检测数据，研究高速公路交通状态估计，未考虑模型参数在线估计。

　　本研究梳理了在混合交通检测数据情况下交通状态估计方面的研究工作及其使用的模型，如表1-1所示。

表1-1　混合交通检测数据下的高速公路交通状态估计总结

研究工作	滤波技术	模型类别	依托模型	是否研究模型参数在线估计
Herrera[36]	牛顿松弛法	一阶	CTM	否
Yuan[30-31]	EKF	一阶	CTM	否
李志伟[75]	EKF	一阶	CTM	否
Wang[33]	EnKF	一阶	CTM	否
Seo[35]	EnKF	一阶	CTM	否
Wang[32, 34]	PF	一阶	CTM	否
Chen[37]	KF	一阶	CTM	是
Work[39-40]	EnKF	一阶	v-CTM	否
Bucknell 和 Herrera[41]	EnKF	一阶	v-CTM	否
Patire[38]	EnKF	一阶	v-CTM	否
Xia[42]	EnKF/PF	一阶	LWR	是
Wright 和 Horowitz[43]	PF	伪二阶	—	否
Nanthawichit[46]	EKF	二阶	PW	否
Liu[47]	EKF	二阶	PW	否
Wang[48]	EKF	二阶	PW	否
何赏璐[59]	EKF	二阶	METANET	否
Wilkie[51]	EnKF	二阶	ARZ	否
Seo[52]	EKF	二阶	ARZ	否
Wang[50]	PF	二阶	ARZ	否

1.2.2.2 CV 占比的交通估计

考虑到 GPS 数据的巨大潜力和大数据时代的到来，利用 GPS 数据估算排队长度和交通量受到了广泛关注。Comert 和 Cetin[76]分析了不同网联车渗透率下交叉口排队长度估计的误差，但是没有考虑低渗透率场景（如5％或10％的渗透率）。此外，Seo 等人[77]、Kusakabe 等人[78]以及 Zheng 和 Liu[79]开发了仅利用 CV 的 GPS 轨迹数据的交通量估算方法，为交通量估算，特别是检测器停止工作时的交通量估算带来了新的机遇和潜力。但是，由于 Seo 等人[77]和 Kusakabe 等人[78]的研究具有一些强假设，如相邻 CV 之间的间距是事先已知的或者是可以检测到的，但这些方法在目前的 CV 设备下是不能使用的。Zheng 和 Liu[79]提出的方法假设到达率随时间变化的泊松分布，利用期望最大化 EM（expectation-maximization）方法来推断交通量。但是，上述方法要求在给定时间范围内至少存在一条车辆轨迹数据。因此，该方法利用累积的历史 CV 轨迹数据来估算交通量，仅适用于长时段的交通量估算，对于短时间范围（如一个周期）或是不存在 CV 的 GPS 数据的时段的交通量估算，仍然是该领域的一大挑战。

排队长度估计与交通量估计密切相关。Ramezani 和 Gero-liminis[80]提出了一种基于交叉口网联车数据的交通流冲击波分析和数据挖掘技术相结合的队列轮廓估计方法。然而，该方法要求在一个周期内至少记录两个网联车轨迹，这限制了其在低渗透率或稀疏轨迹场景下的应用。Ban 等人[81]提出了一种基于网联车轨迹数据的实时排队长度估算模型。然而，该方法是基于均匀的交通到达率和相对较高的网联车渗透率等强假设建立的，并且该方法只能在至少两辆网联车参与排队的情况下应用，这限制了该方法在低渗透率场景下的应用。Hao 等[82-83]进一步提出了一种贝叶斯网络方法来估计车辆序号和排队长度分布。然而，这两项研究都基于固定的全局索引差异 CGID（constant global index difference）方法，使用历史数据来估计平均交通到达率。CGID方法假设渗透率是恒定的。但即使在很短的时间范围内，每个周期的渗透率都是不同的，因此会带来误差。Tan等[84]利用稀疏网联车历史轨迹数据粗略推断交通到达率和到达时间函数，进一步利用这些函数估计基于周期的排队长度。但由于到达率是基于历史数据估计的，因此该方法的误差高达约39%（真实λ约为9辆/周期，估计λ约为12.5辆/周期）。Zhang等人[85]改进了Zheng和Liu[79]中的方法来估计基于周期的交通到达率和队列长度。但是，这种方法仍然只能适用于存在网联车轨迹的周期。Yao等[86]提出了数据驱动的方法来估计交叉口的渗透率和交通量，Wong等人[87]提出了一种完全基于CV数据的排队车辆渗透率无偏估计方法，然而，两种方法仍然局限于至少检测到一辆停车CV轨迹的情况。

就近期相关研究的进展来看，显然，基于周期的流量估计受到了越来越多的关注。大多数研究团队似乎忽视了没有CV数据记录的情况。但在现实中这种情况仍然存在，特别是对于大城市来说，交通流和网联车在空间和时间上的分布是非同质的。

1.2.3 交通控制

道路瓶颈一般可分为移动瓶颈（如刚驶入密度较高的交通流中的低速行驶车辆）和固定瓶颈（出入口匝道、道路施工路段、事件发生路段、车道变窄路段和隧道口等），其中固定瓶颈导致的高速公路交通拥堵将严重降低高速公路运行效率，提高瓶颈通行效率一直是高速公路管控的重点，许多交通控制措施被应用于该方向。

1.2.3.1 瓶颈通行效率

高速公路瓶颈是指一切使得高速公路的通行能力受限的设施或路

段，当某路段上游的交通需求超过其通行能力时，车辆将形成低速排队现象，然而由于人类驾驶行为的随机性和对拥堵的敏感性，在低速稠密状态下，交通流常常伴随着剧烈的振荡，严重时会形成走走停停的停走波（stop-go wave），造成大面积的交通拥堵，极大降低了通行效率。Daganzo 等[88]对高速路下匝道瓶颈形成的机理进行了详细探讨。Cassidy 等[89]利用累计车辆到达曲线和累计占有率曲线对上匝道瓶颈进行了详细分析。Chen 等[90]利用排队论揭示了高速路入匝道瓶颈路段交通流停滞的原因和概率，为匝道管控提供了理论基础。Shiomi 等人[91]从车辆行驶队列（platoon）的角度出发，阐释了瓶颈路段交通拥堵形成的机理。Rudjanakanokna 等人[92]比较了元胞传输模型（CTM）和 METANET 模型在刻画下匝道瓶颈路段交通流时宏观特征的异同。Sun 等[93]利用上海的下匝道瓶颈检测器数据，对匝道瓶颈拥堵形成机理进行了验证，并指出匝道瓶颈的形成原因具有异质性，瓶颈上游各车道的速度和运动波具有明显差异。

针对瓶颈路段的速度振荡和交通拥堵问题，常用的方法是速度协调（SH），一般可通过两个途径实现：一是可变速度限制（variable speed limit，VSL）；二是匝道进入流量控制[94]（ramp metering，RM）。随着智能网联技术和自动控制技术的发展，考虑 CAV 的速度协调方法成为近年来的研究热点，即通过控制车辆的速度达到控制瓶颈处车辆轨迹的目的。

1. 最优控制方法

Hegyi 等人[95]以旅行时间最小为优化目标，并考虑安全等因素，采用模型预测控制（MPC）系统优化 VSL 速度值。Liu 等人[96]从优化 VSL 的位置、速度值和个数出发，考虑油耗和交通流流畅性，建模为较大规模的混合整数非线性规划问题。Carlson 等人[97]结合 VSL 和匝道控制 RM 方法，提出了综合优化算法。该方法使用二阶中观交通流模型 METANET，将问题建模成一个有约束的离散时间最优控制问题，即使在大规模网络中，通过合适的可行方向算法也能有效地求解。

2. 反馈控制方法

反馈控制方面，Carlson 和 Papageorgiou 等人[98]提出了一种叫作 MTFC(mainstream traffic flow control)的方法，MTFC 控制器只依赖于检测器实时观测到的交通状态，如流量、密度、速度等，不需要在线模型来预测未来的交通状态。基于 MTFC，Iordanidou 和 Papageorgiou 等人[99]随后对多瓶颈路段的 VSL 反馈控制算法进行了探讨，通过仿真发现，设计的多瓶颈路段的反馈控制算法效果接近最优控制，但鲁棒性更强。Zhang 等人[100]将 VSL 控制方法和换道控制方法结合起来，提出了一种综合决策 VSL 限速值和换道建议位置的方法，换道控制器在瓶颈之前给出变道建议，以减少容量下降的影响。

3. 强化学习控制方法

除了利用控制理论的方法以外，强化学习方法作为一种高效的机器学习算法，因其无须建模，仅依据当前状态进行自学习的特点，已被广泛应用于交通控制领域，并取得了较好的控制效果[101-102]。Zhu 和 Ukkusuri[103]利用强化学习算法对大规模路网的速度进行了限制。该算法允许每个环节的限速低于或高于现实世界的限速，从而确定最优动态限速方案。Li 等人[104]利用强化学习 Q-Learning 方法设计了 VSL 算法。对 Q-Learning 中的关键要素(状态、回报函数、动作策略选择)的选取进行了详细设计，并选取系统的总行程时间作为目标函数，利用 CTM 进行效果仿真评估。

4. CAV 速度调控协调控制方法

Han 等人[105]从控制网联车辆的角度出发，针对瓶颈问题提出了三种控制策略：①单车 CV 轨迹控制；②单车 CV 加上可变信息显示板

VMS（variable message signs）控制；③多车 CV 轨迹控制。不同的策略分别对应不同的信息检测方式，如 CV 移动检测器和固定检测器等。考虑瓶颈通行能力的随机性特点，构建能够使得瓶颈消散速率增大的最优控制策略，从而减少延误。Ramezani 等人[106]从优化城市道路网限速分布的角度出发，利用元胞传输模型 CTM 将路网限速问题建模成了一个非线性优化问题，并利用交通流基本图将其转化为一个线性问题，同时使用模型预测控制 MPC 方法捕捉城市交通流随机波动特点。Wang 等人[107]假设每个 CV 接收来自交通控制器的 VSL 命令，并将它们用作本地车辆控制器的可变参数。在双车道高速公路上，CV 随机分布在人工驾驶车辆之间，通过仿真验证了连接控制模式的可行性和有效性。Li 和 Wang 等人[108]综合协同自适应巡航控制和 VSL，提出了以减少碰撞为优化目标的 VSL 策略，提出了一种基于 CACC 和 VSL 的车辆-基础系统反馈控制算法。Ghiasi 和 Li 等人[109]针对 CAV 与人工驾驶车辆混行情况下的瓶颈速度调控问题，以协调交通流、提高燃油效率和减少环境影响为目标，提出了一种基于 CAV 的轨迹平滑概念。该算法适用于人工驾驶车辆、网联车和自由行车的混合交通环境，且该算法对多车 CAV 进行控制，使 CAV 能够平稳地规避逆向减速波，并以合理的速度逐渐融入下游车流中，可适应 CV 和 CAV 市场渗透率和各种交通条件的速度平滑问题。而有的学者从控制 CAV 换道行为的角度解决瓶颈问题，如 Zheng 等人[110]提出了一种面向全自动驾驶环境出匝道瓶颈区域的协同换道优化方法，协同策略通过目标车道上分流车辆与其协同车辆之间的行为协调来实现。

1.2.3.2 生态驾驶轨迹

城市生态驾驶力图优化智能网联汽车从路段入口到信号交叉口的行驶轨迹，实现行车能耗和污染排放的最小化[111-115]。传统燃油汽车在怠速和急剧加减速时燃油效率很低，污染排放较多。近年来，随着智能网联技术的发展，很多工作尝试对车辆行驶全程进行精确调控，并且在最优控制框架下对生态驾驶问题进行建模。相关工作主要采用以下3种求解方法：动态规划、庞特里亚金极值原理和非线性规划。Dib等[116]和 Mensing 等[117]利用动态规划方法求解生态驾驶最优控制问题，但动态规划方法易引发"维数灾难"。Ozatay 等[118-122]利用庞特里亚金极值原理解析求解各种场景下的生态驾驶问题。He 等[123]考虑车辆排队和信号状态约束，将单个车辆通过多个信号交叉口的生态驾驶问题表征为一个多阶段最优控制问题，并将其转化为一个非线性规划问题予以求解。Zhao 等人[124]针对混行交通环境设计混行车辆编队行驶策略，并为各队头车提供协同生态驾驶方案，该工作依然从非线性规划角度求解。绝大多数既有生态驾驶工作要么只针对单个智能网联汽车，且忽略其他车辆的存在，要么面向全智能网联环境。文献[120]和[123]明确针对自动驾驶和人工驾驶混行交通，文献[120]假设智能网联汽车能够精确预知运动前车的完整轨迹，而文献[123]假设人工驾驶车辆具备网联功能，且没有考虑排队。

在车辆能耗模型方面，既有研究大多采用燃油模型[119-121, 123-124]，即假设智能网联汽车仍然通过内燃机来提供动力。研究结果表明生态驾驶可以有效减少燃油消耗和污染排放。其他一些研究考察了电动智能网联汽车情形，并基于电耗模型[122, 125-127]实现电动汽车的生态驾驶。然而，这些工作没有明确区分燃油汽车与电动汽车在生态驾驶方面的本质区别：燃油汽车会因红灯排队导致的减速停车与怠速等待消耗额外燃油并产生超量尾气排放，而电动汽车在同等工况下不会额外消耗电能，同时电动汽车在任何情况下都是零排放的[128]。

1.2.3.3　入口匝道控制

传统的匝道控制方法是借助信号灯控制匝道车辆 ALINEA(asservissementlinéaired' entréeautoroutière)[129]，它根据在匝道下游的主流上观察到的交通占用率来计算并入主线的匝道流量。METALIENE 是单点匝道控制 ALINEA 算法的扩展，它可以在交通网络中对匝道进行协调控制[130]。Stephanedes[131]提出了 ZONE（zone control method）算法，该算法将主线分解为多个控制区，通过平衡输入和输出交通量来确保交通顺畅。随后，HERO（heuristic ramp-metering coordination）[132]、SZM（stratified zone metering）[133]、SWARM（swarm）[134]等算法被提出，不断丰富和完善匝道流量调节的控制。传统的匝道控制方法没有考虑汇流区复杂的驾驶行为，特别是匝道车辆在并入主线的过程中采取的强制变道行为，干扰了主线交通流的正常运行。联网自动驾驶车辆（CAV）的技术不断发展，以改善交通安全、流动性和环境影响。鉴于 CAV 的能力，自动匝道并线策略可以大致分为两类：集中控制和分布式控制。

1. 集中式控制

如果系统的任务和控制命令需要由道路基础设施或交通管理中心 TMC（traffic management center）在全局范围内为所有的 CAV 执行，则为集中控制[135]。在一些集中式方法中，CAV 的协作汇流被建模为由一个中央控制器解决的优化问题。Raravi 等人[136]的目标是最小化车辆到路口的时间 DTTI（driving-time to intersection），并在一定的约束条件下保证安全。Awal 等人[137]的目标是减少匝道的汇流时间，从而缓解汇合区的瓶颈特征。Rios-Torres 等人[138]制订了一个无约束的优化控制问题，目标是减少燃料消耗和驾驶时间。

2. 分布式控制

与依靠 V2V（vehicle-to-vehicle）和 V2I（vehicle to infrastructure）技术的集中式控制相比，分布式控制可以减少通信的再要求，提高灵活性。Uno 等人[139]提出，在实际汇流之前，可以将匝道上的车辆作为虚拟车辆映射到主干道上，从而实现更安全、更平稳的并线操作。Lu

等人[140]以类似的思路提出了并线问题中虚拟排队的新概念，并针对不同道路布局建立了统一的纵向控制模型。除了虚拟车辆的理念外，还有其他分布式方法来控制坡道上的 CAV 的纵向移动。Ntousakis 等人[141]提出了一种合作式并线系统，以有效处理车辆之间的间隙，并评估了其性能和对高速公路通行能力的影响。Dao 等人[142]提出了一种分布式控制策略，利用车辆间的通信为排队者选择车道。Ntousakis 等人[143]提出了一对合作车辆的纵向轨迹优化方法，包括合并后的车辆和其假设的领导者。Zhou 等人[144]提出了一种用于自动匝道合流的车辆轨迹规划方法。匝道合流车辆和主线便利车辆的轨迹规划任务被表述为两个相关的分布式优化问题。

通过上述研究现状分析可以发现，目前国内外在拥堵形成机理、交通管控、CACC 车队应用研究方面的研究已经取得了较大的进展。针对高速路瓶颈问题主要有以下几个方面的研究成果。

其一是拥堵机理的研究。从国内外文献可看出，瓶颈路段，特别是高速路和城市快速路等密集车流瓶颈路段的形成机制非常复杂，诸多学者从通行能力分析、交通波传播、交通振荡和车队稳定性等角度进行了详细探讨，涉及单个车辆及多个车辆的跟驰、换道行为，以及交通渠化设计等问题，具有代表性的文献是 Shiomi 等人[91]从车队的角度出发，进一步分析了瓶颈路段交通拥堵形成机理，并利用概率模型捕捉到了瓶颈交通系统崩溃的概率。

其二是路段管控的研究。瓶颈路段传统的管控方法是可变限速控制（VSL）和匝道流量控制（RM），加以换道控制。随着智能网联技术的不断发展，诸多学者对 CV/CAV/CACC 在瓶颈管控中的应用进行了详细设计和仿真实验，如控制 CAV 达到减少或消除停走波的 SH，控制出入匝道范围 CAV 换道行为的 CLC，控制进匝道区域车队车辆安全高效汇流的 CM。以上绝大多数研究都证明 CAV 的参与会为瓶颈区域的效率提升带来积极影响。

2

交通建模

——面向协同自适应巡航控制的高阶宏观交通流建模

为了研究交通拥堵的形成机制和演化规律，需要找到一个能够准确描述交通流的模型。本研究提出了一种综合驾驶反映延时和对未来交通预期的新型宏观交通流模型，并通过线性稳定性分析方法推导出新模型的稳定性条件。相应的稳定性图表明，反应延时会降低交通流的稳定性，而预期效应有利于交通流的稳定性。通过分岔理论讨论了Hopf分岔的存在性和稳定性。数值结果表明，所提出的新模型可以很好地描述局部聚类效应、燃料消耗和废气排放。

2.1 模型方法

FVDM被广泛应用于交通流研究：

$$\frac{\mathrm{d}v_n(t)}{\mathrm{d}t} = a[V(\Delta x_n(t)) - v_n(t)] + \lambda \Delta v_n(t) \qquad (2.1)$$

其中，$\Delta x_n = x_{n+1} - x_n$ 表示车头间距；$\Delta v_n = v_{n+1} - v_n$ 表示速度差；a 和 λ 为敏感度系数；$V(\Delta x_n(t))$ 为最优速度函数。方程（2.1）表明驾驶员或高级驾驶辅助系统 ADAS（advanced driver assistance system）期望车辆以由车头间距确定的最佳速度行驶，并且他们还期望车辆的速度与前一车辆一致。

但是，驾驶过程中存在不可忽视的延误，可能导致交通堵塞甚至引发交通事故。实际上，驾驶员无法获得车辆行驶时距和速度的实时信息。同时，在驾驶操作中，驾驶员或ADAS还根据其行为估计前一辆汽车的状态，以便提前调整当前汽车的速度，以防止事故发生。

　　图2-1显示了三种情形。在情形1中，当车辆速度与其前一辆车一致时，当前车头间距等于历史车头间距，即 $\Delta x_n(t) = \Delta x_n(t-\tau)$。在情形2中，$v_n < v_{n+1}$，导致 $\Delta x_n(t) > \Delta x_n(t-\tau)$，这意味着驾驶员或ADAS需要 $T\Delta v_n(t-\tau)$ 来修正延误带来的误差，其中 T 是驾驶员或ADAS的预期时间。因此，我们可以得到 $\Delta x_n(t) \approx \Delta x_n(t-\tau) + T\Delta v_n(t-\tau)$。情形3与情形2相反，同样，可获得 $\Delta x_n(t) \approx \Delta x_n(t-\tau) + T\Delta v_n(t-\tau)$。

情形 1：$v_n = v_{n+1}$

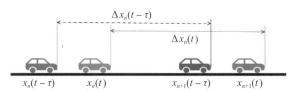

情形 2：$v_n < v_{n+1}$

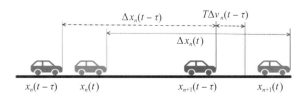

情形 3：$v_n > v_{n+1}$

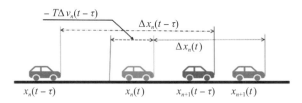

图2-1　驾驶过程中的3种情形

同样，驾驶员对当前速度的感知存在时间延迟，这意味着驾驶员无法获得实时速度信息。同时，对于前一辆车的速度变化，驾驶员或 ADA 具有预期效应，会通过对交通流的预测和估计，适时地调整车速和行驶距离。基于上述客观事实，有如下变化：$v_n(t) \rightarrow v_n(t-\tau)$，$v_{n+1}(t) \rightarrow v_{n+1}(t+T)$。

基于 FVDM，考虑到预期和延迟效应，本研究提出了扩展的跟驰模型：

$$\frac{\mathrm{d}v_n(t)}{\mathrm{d}t} = a[V(\Delta x_n(t-\tau)+T\Delta v_n(t-\tau))-v_n(t-\tau)]+ \qquad (2.2)$$
$$\lambda(v_{n+1}(t+T)-v_n(t-\tau))$$

在推导宏观交通流模型之前，采用 Berg 等[148]提出的车头间距－密度关系：

$$\Delta x_n(t) \approx \frac{1}{\rho} - \frac{\rho_x}{2\rho^3} - \frac{\rho_{xx}}{6\rho^4} \qquad (2.3)$$

其中，式（2.3）右边的第一项指间距和密度之间的通常定义；第二项可视为压力项，不利于交通流的稳定性；第三项类似于黏度项，它可以在一定程度上减轻第二项。将微观变量转化为宏观变量：

$$v_n(t-\tau)=v_n(t)-\tau\frac{\mathrm{d}v_n(t)}{\mathrm{d}t} \quad \Delta x_n(t-\tau)=\Delta x_n(t)-\tau\Delta v_n(t)$$
$$v_{n+1}(t+T)=v_{n+1}(t)+T\frac{\mathrm{d}v_{n+1}(t)}{\mathrm{d}t} \qquad (2.4)$$
$$\Delta v_n(t-\tau)=\Delta v_n(t)-\tau\left(\frac{\mathrm{d}v_{n+1}(t)}{\mathrm{d}t}-\frac{\mathrm{d}v_n(t)}{\mathrm{d}t}\right)$$

然后，方程（2.2）和方程（2.4）中的微变量可以转换为相应的宏观变量：

$$v_n(t) \rightarrow v(x,t) \qquad v_{n+1}(t) \rightarrow v(x+\Delta,t) \quad V(h) \rightarrow V_e(\rho)$$

$$V'(h) \rightarrow V'\left(\frac{1}{\rho}\right) = -\rho^2 V_e'(\rho) \tag{2.5}$$

$$\frac{\mathrm{d}v_n(t)}{\mathrm{d}t} \rightarrow \frac{\mathrm{d}v(x,t)}{\mathrm{d}t} = v_t + vv_x$$

将 $v(x+\Delta,t)$ 泰勒展开：

$$v(x+\Delta,t) = v(x,t) + \Delta v_x$$

$$\frac{\mathrm{d}v_{n+1}(t)}{\mathrm{d}t} \rightarrow \frac{\mathrm{d}v(x+\Delta,t)}{\mathrm{d}t} = v_t + vv_x + \Delta(v_{xt} + vv_{xx}) \tag{2.6}$$

根据方程（2.2），可得

$$v_t + (v - \mu\Delta(\lambda - \alpha\rho^2 V_e'(T-\tau)))v_x = \mu\alpha[V_e(\rho)-v] + \mu\alpha V_e'$$

$$\left(\frac{\rho_x}{2\rho} + \frac{\rho_{xx}}{6\rho^2}\right) + \mu(\lambda T + \alpha T\tau\rho^2 V_e')(v_{xt}+vv_{xx})\Delta \tag{2.7}$$

其中，$\mu = \dfrac{1}{1 - \alpha\tau - \lambda(T-\tau)}$。

通过将交通流连续性方程与方程（2.7）相结合，得到了一个考虑延迟和预期效应的新型宏观模型：

$$\begin{cases} \dfrac{\partial\rho}{\partial t} + \dfrac{\partial(\rho v)}{\partial x} = 0 \\[2mm] v_t + \left(v - \mu\Delta\left(\lambda - \alpha\rho^2 V_e'(T-\tau)\right)\right)v_x = \\[2mm] \mu\alpha\left[V_e(\rho) - v\right] + \mu\alpha V_e'\left(\dfrac{\rho_x}{2\rho} + \dfrac{\rho_{xx}}{6\rho^2}\right) + \mu\left(\lambda T + \alpha T\tau\rho^2 V_e'\right)(v_{xt} + vv_{xx})\Delta \end{cases} \tag{2.8}$$

2.2 主要结果

2.2.1 局部集簇效应

通过这部分仿真，我们研究了延迟和预测对局部集簇的影响以及局部拥塞，即局部集群效应。参数取值为 $\alpha = 0.3\,\mathrm{s}^{-1}$，$T = 0.8\,\mathrm{s}$，$\tau = 0.4\,\mathrm{s}$。图2-2显示了不同速度差增益 λ 下密度波的时间和空间演变。根据数值模拟结果，很明显，λ 增加将使交通流越来越稳定。

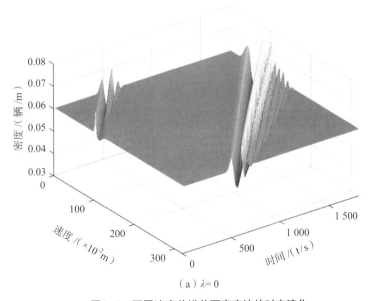

（a）$\lambda = 0$

图2-2　不同速度差增益下密度波的时空演化

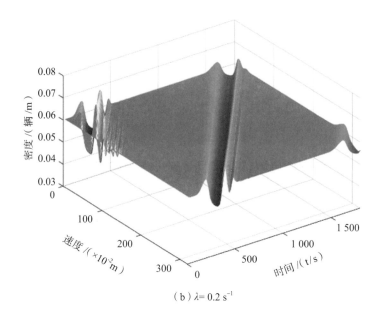

（b）$\lambda = 0.2\ s^{-1}$

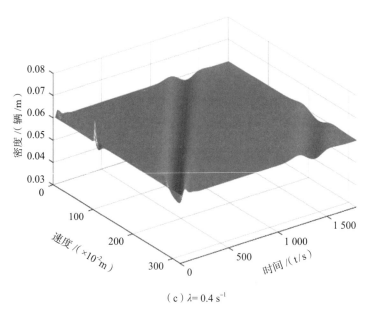

（c）$\lambda = 0.4\ s^{-1}$

图2-2 不同速度差增益下密度波的时空演化（续）

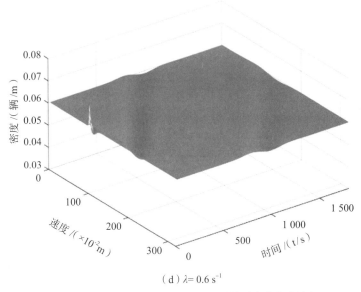

（d）λ=0.6 s⁻¹

图2-2　不同速度差增益下密度波的时空演化（续）

2.2.2　燃料消耗和废气排放

目前，车辆的燃料消耗和废气排放已成为城市空气污染的主要来源之一。在本节中，探索了数值模拟，以显示时间延迟和预测如何影响新模型的燃油消耗和废气排放。其他参数为：$a=0.3\ s^{-1}$，$\lambda=0.22\ s^{-1}$，$T=0.6\ s$。图2-3显示了不同时间延迟值下的总燃油消耗量和废气排放量的演变。显然可以看出，图2-3的每个子图中曲线的波动幅度随着时间延迟值的增加而增加，这表明驾驶员的响应时间延迟将导致燃油消耗和废气排放增加。

废气排放量（ $t=2\,300\,s$ ）

燃油消耗量

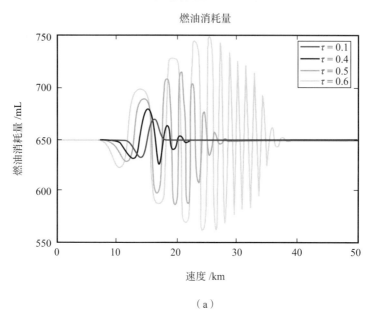

（a）

废气排放量（ $t=2\,300\,s$ ）

HC

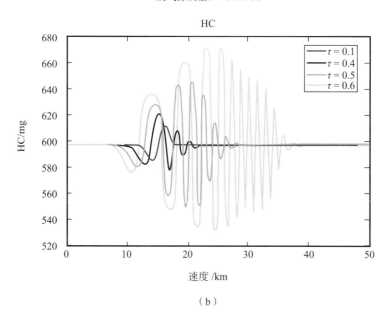

（b）

图2-3　不同延时值下总燃料消耗量和废气排放量的演变

废气排放量（ *t*=2 300 s ）

CO

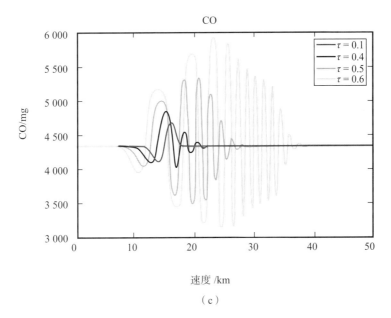

（ c ）

废气排放量（ *t*=2 300 s ）

NO$_x$

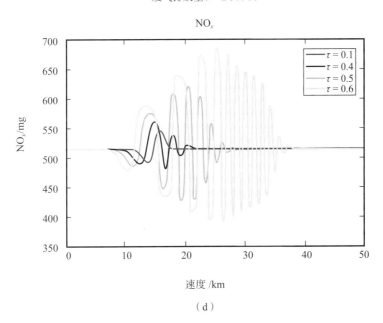

（ d ）

图2-3 不同延时值下总燃料消耗量和废气排放量的演变（续）

2.3.3 Hopf 分岔仿真

本书选择美国 SR12 高速公路的一些部分作为案例进行研究。模型方程（2.8）中的参数使用来自 PeMS 数据库的两周工作日数据进行校准。然后，得到了 Hopf 分岔的临界交通流量，证明了 Hopf 分岔的稳定性。当发生 Hopf 分叉时，交通流出现走停现象。通过密度波和相图的数值模拟验证了临界流速附近的状态。通过图 2-4，当 (ρ_0, h_{*0})=（0.062 31，0.606 43），出现 Hopf 分岔点，在图中显示为"*"点。在图 2-5 中，Hopf 分岔参数被用作密度波模拟的起始参数。从图 2-5 可以看出，在小的初始扰动下的密度演化会导致增大的振荡。随着不断的演变，密度波的振荡变得更加密集，振幅增加。仿真的特点与亚临界 Hopf 分岔一致。

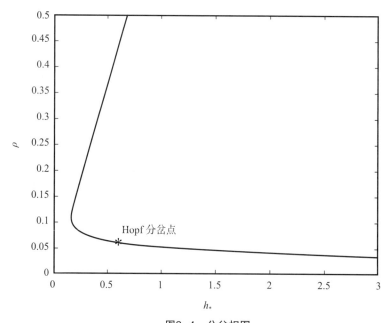

图2-4　分岔相图

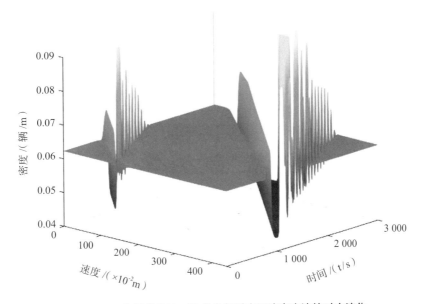

图2-5 初始值为Hopf分岔参数时交通流密度波的时空演化

3

交通监视

——基于固定和移动混合交通监测数据的交通状态估计

固定交通检测设备（如线圈、摄像头、超声检测器）和移动交通检测设备（如加载滴滴/高德系统的车辆、网联自动车）预计将长期并行使用。这样，既可以获取来自道路检测器的有关"总体"交通流的流量和速度数据，也可以获取来自网联自动车的"部分"交通流的速度和位置数据等。

联网车辆（CV）技术的出现为交通监视创造了新的机遇。然而，网联车轨迹量严重受到不同地理位置及时间下的网联车渗透率限制。为了克服这些限制，允许在任何地点或条件下（包括低 CV 渗透率）进行流量估算。本任务提出一种基于固定和移动混合监测数据的流量估计方法。值得注意的是，本研究模型虽然没有用到固定检测器的数据，但在本方法框架下，固定检测器的数据可视为一辆网联车的数据（若有车辆停留），加入的固定检测器数据可提高本模型的精度。

3.1 模型方法

本任务提出的模型结构如图 3 − 1 所示，从图中可以看出，第一个模块基于 GPS 轨迹数据估计单周期排队长度和交通量；第二个模块基于前一步估计的交通量，应用贝叶斯推断方法估计交通流量和不同到达率的时间界限；最后，可以从交通量的周期到达率中得出不同时间段的交通量，如10 min、30 min或1 h交通量。

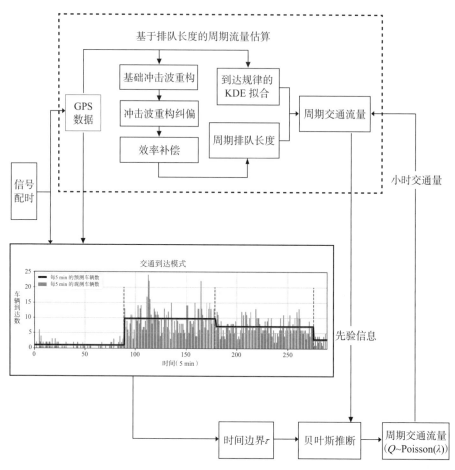

图3-1　交通流量估计模型结构

3.1.1　排队长队估计方法

本任务提出了一个共三步的交叉口排队长度估算方法，即首先基于观测到的CV轨迹数据进行基础冲击波重构，其次，结合历史数据对基础冲击波重构结果进行纠偏，最后根据冲击波重构结果在最后一辆停车CV的排队长度的基础上进行概率补偿。

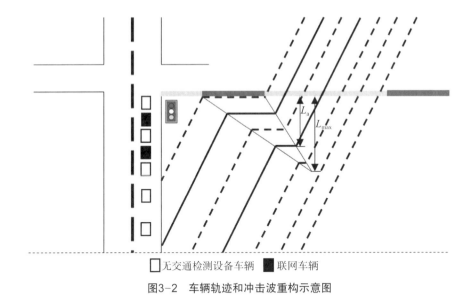

□无交通检测设备车辆　■联网车辆

图3-2　车辆轨迹和冲击波重构示意图

本方法的核心估算目标，即单周期交叉口排队长度 L_q，由公式（3.1）来计算：

$$L_q = L_a + \text{error} \qquad （3.1）$$

其中，L_a 是最后一辆停车 CV 距离停车线的距离；error 是根据最大可能排队长度 L_{max} 计算得到的概率补偿值。

由于不同的 CV 到达情况下冲击波重构方法不同，因此本方法中的冲击波重构将分为四种场景进行。需要注意的是，本方法不考虑周期内没有检测到 CV 轨迹的情况，因此以下四种场景将包括剩余的所有可能的 CV 到达情况。

场景1：仅检测到一辆停车 CV。

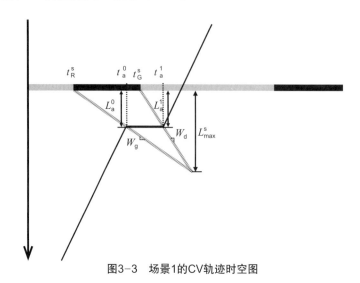

图3-3　场景1的CV轨迹时空图

如图3-3所示，基于交通冲击波理论，单周期最大排队长度 $L_{\max}$ 应该小于等于集结波和消散波（即图中"▬▬▬▬▬"线）交汇点到交叉口停车线的距离。

交叉口红灯期间车辆排队的集结波由红灯起始点和 CV 停车点确定，由集结波重构得到的时空图直线方程为 $x = W_g \cdot t - C_g$。其中，W_g 为集结波波速，C_g 为集结波重构直线的常数项，其具体计算方法如公式（3.2）和式（3.3）所示：

$$W_g = \frac{L_a^0}{(t_a^0 - t_R^s)} \qquad (3.2)$$

$$C_g = L_a^0 - W_g \cdot t_a^0 \qquad (3.3)$$

其中，L_a^0 是停车 CV 开始参与排队（即行驶速度小于阈值）时的位置到停车线的距离；t_a^0 是该停车 CV 开始参与排队的时刻；t_R^s 是该周期的红灯启亮时刻。

相似地，交叉口红灯期间车辆排队的消散波由红灯结束点和 CV 启动点确定，消散波重构得到的时空图直线方程为 $x = W_d \cdot t - C_d$。其中，W_d 为消散波波速，C_d 为消散波重构直线的常数项，其具体计算公式如公式（3.4）和式（3.5）所示：

$$W_d = \frac{L_a^1}{(t_a^1 - t_G^s)} \tag{3.4}$$

$$C_d = L_a^1 - W_d \cdot t_a^1 \tag{3.5}$$

其中，L_a^1 是停车 CV 启动（即行驶速度大于阈值）时的位置到停车线的距离；t_a^1 是该停车 CV 的启动时刻；t_G^s 是该周期的绿灯启亮时刻。

完成集结波和消散波的重构后，根据冲击波理论（即计算集结波和消散波的交汇点）计算最大排队长度 L_{max}^s 和达到最大排队长度的时刻 t_{max}。

在这里，L_{max} 等于基于停车 CV 进行冲击波重构得到的最大排队长度 L_{max}^s，如公式（3.6）所示：

$$L_{max} = L_{max}^s \tag{3.6}$$

场景 2：仅检测到一辆停车 CV 以及至少一辆自由通过 CV。

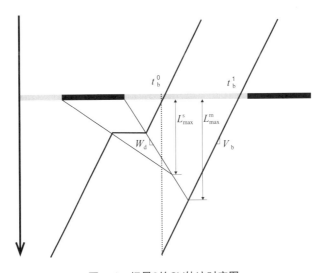

图3-4 场景2的CV轨迹时空图

如图 3-4 所示，最大排队长度 L_{max} 同时还应小于等于由第一辆自由通过 CV 的行驶轨迹所确定的最大排队长度 L_{max}^m，如公式（3.7）所示：

$$L_{max} = \min(L_{max}^s, L_{max}^m) \tag{3.7}$$

其中，L_{max}^s 的计算与场景 1 相同；而 L_{max}^m 则可以通过公式（3.8）计算：

$$L_{max}^m = \frac{t_b^1 - t_G^s}{\dfrac{1}{W_d} + \dfrac{1}{V_b}} \tag{3.8}$$

其中，V_b 为图 3-4 中的自由流速度，其计算方法如公式（3.9）所示：

$$V_b = \frac{L}{t_b^1 - t_b^0} \tag{3.9}$$

其中，L 是自由通过 CV 进入交叉口区域时的位置到交叉口停车线的距离；t_b^0 是自由通过 CV 进入交叉口区域的时刻；t_b^1 是该自由通过 CV 通过停车线的时刻。

场景 3：仅检测到两辆及以上停车 CV。

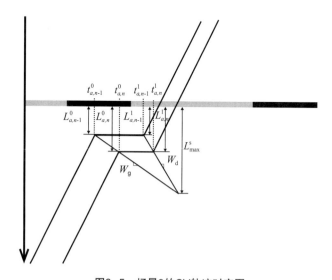

图 3-5　场景 3 的 CV 轨迹时空图

与场景1相似，冲击波重构后得到的最大排队长度 $L_{\max}^{s}$ 基于最后两辆停车 CV 进行冲击波重构得到。交叉口红灯期间车辆排队的集结波由最后两辆停车 CV 的停车点确定，由冲击波重构得到的时空图直线方程为 $x = W_{g} \cdot t - C_{g}$。如公式（3.10）和式（3.11）所示：

$$W_{g} = \frac{L_{a,n}^{0} - L_{a,n-1}^{0}}{t_{a,n}^{0} - t_{a,n-1}^{0}} \tag{3.10}$$

$$C_{g} = L_{a,n}^{0} - W_{g} \cdot t_{a,n}^{0} \tag{3.11}$$

其中，$L_{a,n}^{0}$ 是第 n 辆停车 CV（共 n 辆）开始参与排队时的位置到停车线的距离；$t_{a,n}^{0}$ 是第 n 辆停车 CV 开始参与排队的时刻；$L_{a,n-1}^{0}$ 是该周期第 $n-1$ 辆停车 CV 开始参与排队时的位置到停车线的距离；$t_{a,n-1}^{0}$ 是第 $n-1$ 辆停车 CV 开始参与排队的时刻。

相似地，交叉口红灯期间车辆排队的消散波由最后两辆停车 CV 的启动点确定，消散波重构得到的时空图直线方程为 $x = W_{d} \cdot t - C_{d}$，如公式（3.12）和式（3.13）所示：

$$W_{d} = \frac{L_{a,n}^{1} - L_{a,n-1}^{1}}{t_{a,n}^{1} - t_{a,n-1}^{1}} \tag{3.12}$$

$$C_{d} = L_{a,n}^{1} - W_{d} \cdot t_{a,n}^{1} \tag{3.13}$$

其中，$L_{a,n}^{1}$ 是第 n 辆停车 CV（共 n 辆）启动时的位置到停车线的距离；$t_{a,n}^{1}$ 是第 n 辆停车 CV 启动的时刻；$L_{a,n-1}^{1}$ 是该周期第 $n-1$ 辆停车 CV 启动时的位置到停车线的距离；$t_{a,n-1}^{1}$ 是第 $n-1$ 辆停车 CV 启动的时刻。完成集结波和消散波的重构后，根据冲击波理论计算最大排队长度 $L_{\max}^{s}$ 和达到最大排队长度的时刻 $t_{\max}$。

在这里，$L_{\max}$ 同样等于基于停车 CV 进行冲击波重构得到的最大排队长度 $L_{\max}^{s}$，如公式（3.14）所示：

$$L_{max} = L^{s}_{max} \qquad (3.14)$$

场景 4：检测到至少两辆停车 CV 以及至少一辆自由通过 CV。

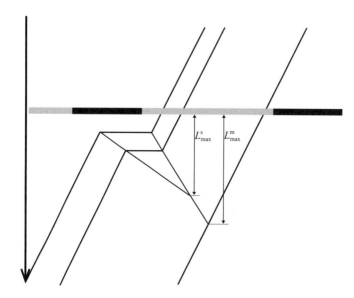

图3-6 场景4的CV轨迹时空图

相似地，冲击波重构后得到的最大排队长度 L^{s}_{max} 的估算方法与场景 3 相同，即基于最后两辆停车 CV 进行冲击波重构得到。同时，如图 3-6 所示，L_{max} 还应小于等于由每一辆自由通过的 CV 的行驶轨迹所确定的最大排队长度 $L^{m^{i}}_{max}$，如公式（3.15）所示：

$$L_{max} = min(L^{s}_{max}, L^{m^{i}}_{max}, L^{m^{i}}_{max}, \cdots, L^{m^{i}}_{max}) \qquad (3.15)$$

经检验，排队冲击波波速服从一个对数正态分布，因此可以对分布参数进行估计，因此在本书中，提出一种基于贝叶斯推断的冲击波重构纠偏方法，其具体流程如图 3-7 所示。

假设贝叶斯推断所使用的观测数据集为 $W = (w_1, \cdots, w_n)$，那么贝叶斯推断的先验集合应为 $D = (x_1, \cdots, x_n)$，其中 $x_i = \ln w_i$，从而可以根据贝叶斯推断公式计算得到正态分布 $N(\mu_n, \sigma_n^2)$。

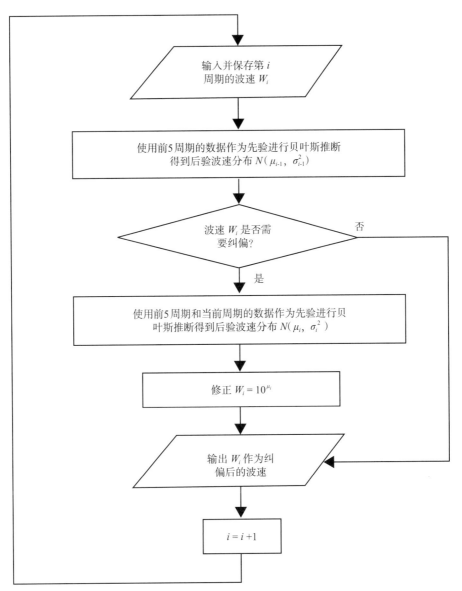

图3-7　冲击波重构纠偏流程图

　　如图3-7所示，为了确定该周期根据基础冲击波重构得到的波速 w_i 是否需要纠偏，提出了一种假设检验方法。原假设（H_0）为检验统计量 w_i 是无偏估计；对立假设（H_a）为检验统计量 w_i 是有偏估计，因此需要纠偏。

由于交通流的连续性，决策规则如公式（3.16）所示：

$$\text{拒绝 } H_0，\text{如果：} \quad \begin{array}{l} \ln w_i > Z_{1-\frac{a}{2}} \\ \text{或} \\ \ln w_i < Z_{\frac{a}{2}} \end{array} \quad （3.16）$$

其中，$Z_{1-\frac{a}{2}}$ 和 $Z_{\frac{a}{2}}$ 分别为上下临界值，也是正态分布 $\ln w \sim N(\mu_{i-1}, \sigma_{i-1}^2)$ 的上下 $\frac{a}{2}$ 分位点。将前5周期的波速作为先验数据可以计算得到 $N(\mu_{i-1}, \sigma_{i-1}^2)$。

由于单周期的停车 CV 数量将导致基础冲击波重构结果具有不同的可信度，因此我们将假设检验的显著性水平 α 定义为

$$\begin{cases} \alpha = 0.1, & N_{\text{stopCV}}（\text{停车 CV 数量}）= 1 \\ \alpha = 0.05, & N_{\text{stopCV}}（\text{停车 CV 数量}）= 2 \\ \alpha = 0.01, & N_{\text{stopCV}}（\text{停车 CV 数量}）> 2 \end{cases} \quad （3.17）$$

如图3-7所示，对于需要进行纠偏的周期，令 $W = (w_{i-5}, \cdots, w_i)$，加入当前周期的基础冲击波重构得到的波速数据后，同样根据贝叶斯推断公式计算得到该时间段内冲击波波速服从的正态分布 $N(\mu_i, \sigma_i^2)$，更新 $w_i = 10^{\mu_i}$。对波速进行纠偏后，还需要最后一辆停车 CV 对应的停车点或启动点，从而确定更新后的冲击波常数项 C_i，并完成冲击波重构的完整纠偏。

基于泊松车辆到达模型的排队长度概率补偿，假设周期内车辆到达服从泊松分布，则概率补偿值可通过公式（3.18）计算：

$$\text{error} = \sum_{i=1}^{r=(L_{\max}-L_a)/l_v} i \cdot l_v \cdot P\left[(i-1) \cdot k < X \leqslant i \cdot k\right] \quad （3.18）$$

其中，l_v 是平均车头距；k 是对应行驶方向的车道数；$P\left[(i-1) \cdot k < X \leqslant i \cdot k\right]$ 也即误差为 $i \cdot l_v$ 的概率，对每种误差值及其出现概率进

行求和后得到总的概率补偿值。考虑到车道数量的不同，每种误差的概率由公式（3.19）计算：

$$P[(i-1) \cdot k < X \leqslant i \cdot k] = \sum_{x=(i-1) \cdot k+1}^{i \cdot k} P(X=x) \qquad （3.19）$$

令 t_{max} 为最大排队长度到达 L_{max} 的时刻；t_{CV} 为最后一辆 CV 停车的时刻，则可以得到轨迹数据缺失的时间 Δt 如公式（3.20）所示：

$$\Delta t = t_{max} - t_{CV} \qquad （3.20）$$

因此，公式（3.19）中的 $P(X=x)$ 是在 Δt 这段数据缺失的时间里到达 x 辆车的概率，其计算公式如公式（3.21）所示：

$$P(X=x) = \frac{(\lambda \cdot \Delta t)^x}{x!} \cdot e^{-\lambda \cdot \Delta t} \qquad （3.21）$$

由于冲击波重构中使用了贝叶斯推断进行纠偏，对冲击波后段的拟合较好，从而也有效反映了红灯期间的到达率，所以上述公式中的泊松分布参数 λ 的由估算的最大排队长度 L_{max} 和对应的时间 t_{max} 计算，具体如公式（3.22）所示：

$$\lambda = \left[\left(\frac{L_{max}}{L_v}-1\right) \cdot k + 1\right] / t_{max} \qquad （3.22）$$

最后，根据式 $L_q = L_a + error$，计算出实际估算的排队长度。

3.1.2　周期流量估算

基于所有 CV 到达停车线的时间，利用核密度估计 KDE（kernel density estimation）方法进一步估计 CV 到达时间的概率密度函数 $f(t)$ 如公式（3.23）所示：

$$f(t) = \frac{1}{nh} \sum_{i=1}^{N} \phi\left(\frac{t - T_{r,i}}{h}\right) \tag{3.23}$$

其中，$\phi(x)$ 为高斯核；h 为平滑带宽；$T_{r,i}$ 为 CV 的相对到达时间，以每周期红灯开始时间为零点；$h = 1.06 \hat{\sigma} n^{-\frac{1}{5}}$ 为平滑带宽。

然后，根据公式（3.24）使用 $f(t)$ 来计算周期流量：

$$Q = \frac{L_{\text{real}}}{l_{\text{v}}} \cdot \text{ratio} \tag{3.24}$$

其中，$\text{ratio} = \dfrac{\int_0^C f(t)}{\int_0^{T_r} f(t)}$ 为整个周期交通到达量除以红色时间交通到达量的积分。

对于没有检测到停车 CV 的周期，无法使用基于排队长度估算的方法推断周期流量。为了解决这一挑战，本小节估计周期流量，即每个周期泊松到达率参数 λ 的估计。

我们假设周期流量服从一个泊松分布 $Q \sim \text{Poisson}(\lambda)$，并利用基于周期流量的估计值作为先验，通过基于马尔可夫链蒙特卡罗 MCMC（Markov chain Monte Carlo）方法的贝叶斯推断方法来估算 λ 服从的分布。

假设周期交通量 Q 服从泊松分布 $Q \sim \text{Poisson}(\lambda)$，$P(\lambda)$ 为 λ 的先验分布，D 为观测数据（即至少有一辆停车 CV 的周期的交通流量估计值）。那么泊松分布参数 λ 的分布可以由公式（3.25）计算：

$$P(\lambda \mid D) \propto P(D \mid \lambda) \cdot P(\lambda) \tag{3.25}$$

其中，λ 的先验分布假设为一个指数分布 $\lambda \sim \exp(\beta)$，且是 β 观测数据的均值。

基于 MCMC 的贝叶斯推断过程按照以下几个步骤进行：

①设定周期到达率的初始值 $\lambda(0)$。

②从分布 $\lambda \sim \exp(\beta)$ 中抽取一个新的 $\lambda(j)$。

③根据 Metropolis-Hastings 规则计算接受 $\lambda(j)$ 作为 λ 估计值的概率。

④如果接受 $\lambda(j)$ 作为 λ 估计值的概率 $P(j)$ 大于 $P(j-1)$，则接受 $\lambda(j)$，否则保持 $\lambda(j-1)$ 为 λ 估计值。$P(j)$ 的计算如公式（3.26）所示：

$$p(j) = \frac{P(\lambda_j) \cdot P(D \mid \lambda_j)}{\sum\limits_{i=1}^{n} P(\lambda_i) \cdot P(D \mid \lambda_i)} \qquad (3.26)$$

⑤回到第②步并重复②～④，直到得到足够的 λ 样本。

将以上步骤重复预定义的迭代次数并得到周期流量 λ 的估计值。

最后，可以直接从 $Q \sim \mathrm{Poisson}(\lambda)$ 分布得到没有 CV 轨迹的周期流量，并从估计的周期流量中计算出 30 min 或 1 h 交通量。

3.2.1.3 事件界限识别

3.2.1.2 用于估计任何预定义时间范围的 λ。但是，全天的交通流量和 CV 流量服从相似的时变泊松分布。因此，我们假设对于 T 个周期，有 M 个不同的交通流量阶段，如公式（3.27）所示：

$$\lambda = \begin{cases} \lambda_1, & t < \tau_1 \\ \lambda_2, & \tau_1 \leqslant t < \tau_2 \\ \cdots \\ \lambda_M, & t \geqslant \tau_{M-1} \end{cases} \qquad (3.27)$$

并且，随时间变化的泊松分布参数服从相同的指数分布，如公式（3.28）所示：

$$\begin{aligned} \lambda_1 &\sim \exp(\beta_{\mathrm{CV}}) \\ \lambda_2 &\sim \exp(\beta_{\mathrm{CV}}) \\ &\cdots \\ \lambda_{M-1} &\sim \exp(\beta_{\mathrm{CV}}) \end{aligned} \qquad (3.28)$$

其中，参数 β_{CV} 为周期流量估计值的算术均值的倒数，即

$$\frac{1}{N}\sum_{i=0}^{n}C_i \approx E\left[\lambda \mid \beta_{CV}\right] \tag{3.29}$$

为了避免过多的先验信息，我们将时间界限的先验分布设置为公式（3.30）：

$$
\begin{array}{ll}
\tau_1 & U(0, T-M+1) \\
\tau_2 & U(\tau_1, T-M+2) \\
\cdots & \cdots \\
\tau_{m-1} & U(\tau_{M-2}, T)
\end{array} \tag{3.30}
$$

使用 MCMC 方法来确定周期流量 λ 的分界点数目 M，其中 M 服从均匀分布 $M \sim U(0, T)$。

通过将全部 T 个周期的 CV 流量作为先验信息进行贝叶斯推断和时间界限识别，可以得到时间界限数量和分布，并将其设置为真实交通流的时间界限。最后，对每个流量阶段应用贝叶斯推断来估算其对应的泊松到达率 λ。

3.2 主要结果

为了验证模型的有效性，对模型进行了仿真案例和实际案例的验证，发现在网联车极低渗透率（5%）的情况下，该模型对交通状态估计的误差在15%以内，随着网联车渗透率的增加，模型的精度也会提升。

3.2.1 仿真案例验证

为了模拟实际交通流中的交通量变化情况，建立了一个分为两个流量阶段的交叉口车辆到达模型进行验证。

为了模拟实际交通流中的交通量变化情况，建立了一个如图3-8所示的交叉口及车辆到达模型，交叉口信号灯配时设置方案为：信号周期150 s，左转和直行的绿灯时间均为50 s。

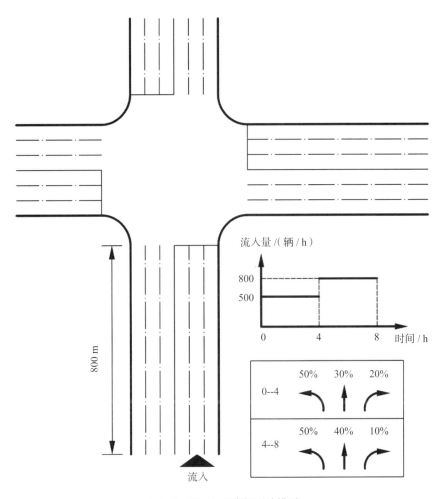

图3-8 交叉口及车辆到达模型

首先是基于周期 CV 流量对交通流量时间界限的识别，其中识别结果为第100个周期，对应的真实界限应为第96周期。

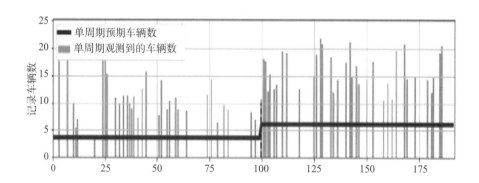

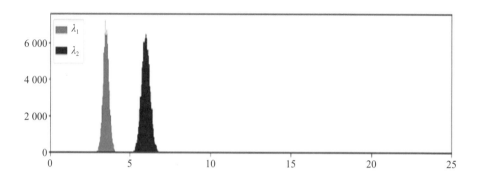

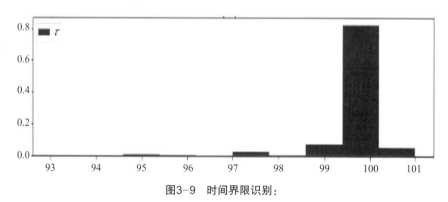

图3-9 时间界限识别：

（上：周期 CV 数和时间界限；中：CV 到达率后验；下：时间界限后验）

基于周期流量估算结果，通过 10 000 次 MCMC 过程结合贝叶斯推断，得到对应两个阶段的周期流量 λ 的后验分布如图 3-10 所示。

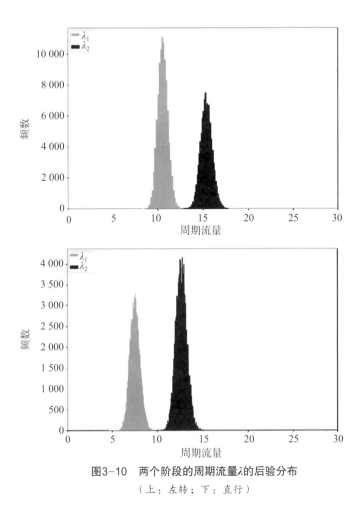

图3-10 两个阶段的周期流量λ的后验分布

（上：左转；下：直行）

表3-1为渗透率5％情况下的交通流到达情况估算，展示了使用该方法进行交通流量估算得到的平均绝对百分比误差低至5.5％。

表3-1 渗透率5％情况下的交通流到达情况估算

阶段	转向	估算值 /（辆 / 周期）	实际值 /（辆 / 周期）	绝对误差
1	左转	10.6	11.4	7.3%
2	左转	15.4	17.8	13.6%
1	直行	7.6	7.6	0.1%
2	直行	12.7	13.8	0.8%
	平均绝对误差			5.5%

同时，我们也衡量了对应的排队长度估算效果，该方法的平均绝对误差为15.93%。而周期流量估算误差相对更低的原因可能是贝叶斯推断消除了部分极端估算值的影响。

表3-2　渗透率5%情况下的交叉口排队长度估算

阶段	转向	估计排队长度	实际排队长度	排队长度估计误差	平均绝对误差
1	左转	8.4	8.9	−5.43%	11.0%
2	左转	11.8	12.9	−7.1%	14.52%
1	直行	5.8	5.8	2.1%	17.1%
2	直行	9.7	9.8	0.5%	12.3%

最后，基于周期流量和时间界限的估算结果，可以对没有 CV 轨迹的周期流量进行估算，并进一步得到 10 min、30 min 和 1 h 交通流量，结果如图 3−11 所示。

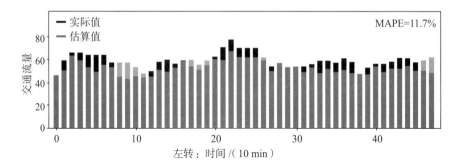

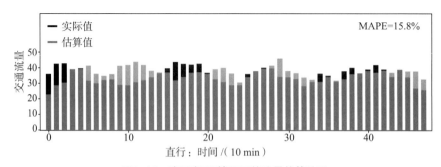

图3−11　渗透率5%情况下的流量估算结果

（MAPE：mean absolute percentage error，平均绝对百分比误差）

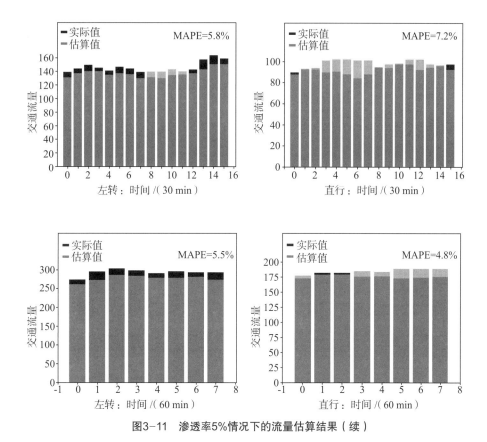

图3-11　渗透率5%情况下的流量估算结果（续）

上述验证结果表明：①该方法对泊松到达率、时间界限、时段交通流量的估算均具有较强的鲁棒性；②该方法解决了稀疏轨迹对流量估算的影响，适用于低渗透路网环境。

我们将我们的模型与平均法进行了比较，平均法计算存在停车 CV 的周期的交通量的平均值作为周期流量。我们还利用 Zheng 和 Liu[79] 的方法计算了交通流量。应用我们的方法得到的估计结果列于表 3－3 第三列。模型的平均绝对误差为 5.5%，而平均方法的平均绝对误差为 14%。Zheng 和 Liu[79] 的方法高估了周期流量，误差为 16%。

表3-3　渗透率5%情况下的周期流量估算结果对比

阶段	转向	本模型 /（辆 / 周期）	平均法 /（辆 / 周期）	Zheng和Liu[79] /（辆 / 周期）
1	左转	10.6	12.8	13.6
2	左转	15.4	15	19.7
1	直行	7.6	6	8.8
2	直行	12.7	12	15.8
平均绝对误差		5.5%	14%	16%

3.2.2　实际案例验证

为了测试该模型在真实数据集上的性能，我们将我们的模型应用于 NGSIM 数据集，该数据集包含 5 个交叉口和 6 个主干道断面。由于只有交叉口 2 和 3 中包含所有的南向（SB）和北向（NB）入口车辆轨迹，所以选择这两个交叉口作为案例研究的目标。同时，该数据集只包含 15 min 的车辆轨迹，约为 10 个周期。

为了模拟低渗透率下 CV 的 GPS 轨迹，我们以 5% 的概率从 NGSIM Peachtree 数据集中对车辆轨迹进行随机抽样。我们将所提出的方法应用于估计周期流量。由于数据中仅包含 15 min 的车辆轨迹，因此仅存在一个周期流量。交叉口 2、3 南行、北行周期流量的后向分布如图 3-12 和图 3-13 所示。利用数定律，λ 和绝对误差的估计如表 3-4 所示，所有估计的平均绝对误差为 5.2%。

表3-4　NGSIM交叉口周期流量估算结果

交叉口	方向	估算值 /（辆 / 周期）	实际值 /（辆 / 周期）	绝对误差
2	南向进口道	13.8	13.3	3.4%
2	北向进口道	10.1	10.5	3.9%
3	南向进口道	10.7	9.6	9.8%
3	北向进口道	10.7	11.0	3.6%
	平均绝对误差			5.2%

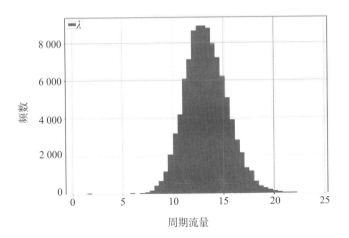

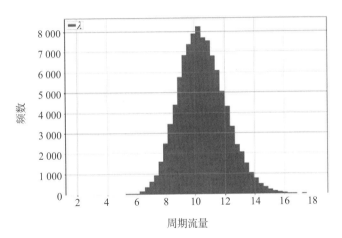

图3-12　交叉口2的周期流量λ后验分布

（上：南进口道；下：北进口道）

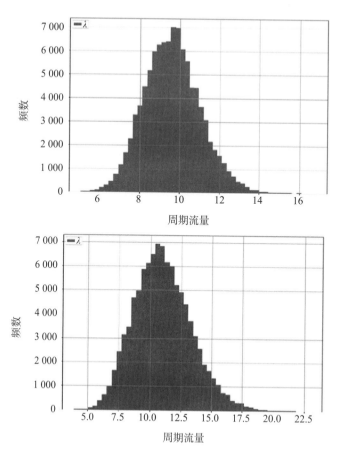

图3-13　交叉口3的周期流量λ后验分布

（上：南进口道；下：北进口道）

　　上述结果表明，该方法也可以应用于极低渗透率（5%）下的实际数据交通量估算。即使有些估计的绝对误差为9.8%（交叉口3的南进口道方向），但只要记录更多的CV轨迹，估计的交通量就会更加准确。因此，该模型可以在CV数据渗透率较低的情况下应用。

　　上述验证结果表明：①该方法对泊松到达率、时间界限、时段交通流量的估算均具有较强的鲁棒性；②该方法解决了稀疏轨迹对流量估算的影响，适用于低渗透路网环境。

4

交通控制

4.1 基于协同自适应巡航控制的交通瓶颈通行效率优化

瓶颈处通行能力突变，当上游路段流量较大时，在交通流密度较大的情况下，容易出现向后传播的冲击波和振荡，而冲击波和振荡是导致瓶颈路段通行能力下降的主要因素。如何利用 CACC 车队高度协同的特点，在保证 CACC 车队自身安全和稳定行驶的前提下，通过实时改变 CACC 车队在瓶颈处的速度，达到控制瓶颈处整体交通流的目的，从而减少瓶颈处的冲击波和振荡，进而间接提升通行能力是本研究的出发点和欲解决的问题。

因此本任务提出基于 CACC 的交通瓶颈通行效率优化方法，首先结合宏观交通流参数和网联车轨迹数据对 CACC 车队前方人工驾驶车辆到达瓶颈点前的轨迹进行预测。然后基于前方人工驾驶的预测轨迹，以空间离散化的思想进行轨迹规划建模，通过处理约束条件将基础模型转换成了易求解的线性规划模型，使用 F-W（Frank-Wolfe）算法实现快速求解。最后，通过多个静态案例和动态案例验证了轨迹预测和轨迹规划方法的有效性和鲁棒性。

4.1.1 模型方法

本任务以单向单车道为研究对象，将瓶颈CACC车队轨迹控制的研究场景定义为如图4-1所示的场景，并做出如下定义和假设。

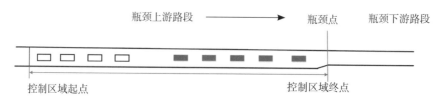

图4-1 轨迹控制场景

①只考虑单车道的瓶颈路段，瓶颈点定义为单条车道上通行能力突变点。通行能力突变点上游路段定义为瓶颈上游路段，突变点下游路段定义为瓶颈下游路段。CACC车队轨迹控制只在上游路段进行，定义为控制区域。

②为突出CACC车队整体调控的研究重点，研究场景中的CACC车辆混行交通流属于非均匀混合交通流，即将CACC车辆队列的规模设定在一定区间，研究场景中不会出现数量在区间之外的CACC队列。

③假设CACC车队在进入控制区域之前使用CACC功能，而进入控制区域之后，则被本书提出的控制方法所控制。

在轨迹控制研究场景中，CACC车队轨迹控制主要有两个控制目标：一是利用尾车平滑车队上游车辆的轨迹，二是利用头车减小与其前方第一辆人工驾驶车辆（前车）的间距，从而达到整体减缓瓶颈点处冲击波的目标，CACC轨迹控制的过程在定义的控制区域内，控制从CACC车队尾车进入控制区域的时刻开始，至尾车离开控制区域时结束，控制流程如图4-2所示，详细步骤如下。

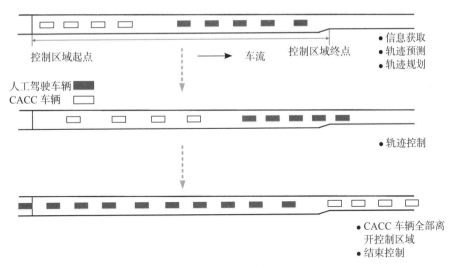

图4-2　控制流程图

第一步：信息获取，云控中心获取当前控制区域内车辆信息，得到控制区域内所有车辆的信息。

第二步：信息发送，CACC车队一旦进入控制区域，立刻向云控中心发送自身车队信息，包括位置、速度、加速度等信息，并向云控中心确认自身的状态信息。

第三步：轨迹预测，预测CACC车队前车从当前位置到瓶颈点处的未来轨迹。

第四步：轨迹规划，根据预测的前车轨迹，云控中心规划CACC车队至瓶颈点处的轨迹，并将规划结果发送给车队。

第五步：轨迹控制，云控中心将规划的轨迹结果发送给CACC车队，CACC车辆执行轨迹规划结果，直至离开瓶颈点。

上述流程和步骤假设CACC车队的控制和信息计算处理在云控中心完成，轨迹控制的执行在车队和云控中心不断进行信息交互的过程中完成。在实际场景中，信息的计算和处理会部分交给车队的分布计算单元处理，以减少信息在传输过程中的损失。其次，由于CACC车队下游的交通状态是在实时变化的，在车辆轨迹控制的过程中，一般采取实时的预测加上轨迹跟踪控制的方式，通过设定不同的预测时间域和控制时间域来实现车辆的实时控制。

4.1.1.1　网联人工驾驶车辆轨迹预测

因需对每个CACC车辆进行轨迹控制，而CACC车辆的控制会打断瓶颈处的车辆紧密跟驰状态，如图4-3所示，本研究将连续行驶的车辆队列以CACC车队为间隔分成多个以CACC车队尾车为头车的单个混行队列，在预测前车轨迹时使用到的人工驾驶车辆的历史轨迹只包括前车所在混行队列中的人工驾驶车辆历史轨迹。

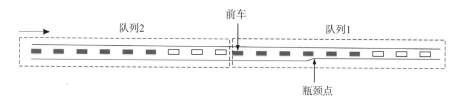

图4-3　混行车队分组

轨迹预测阶段使用到的变量及其表示含义如表4-1所示。

表4-1　变量及含义

变量	含义
$x_i(t)$	车辆 i 在 t 时刻的位置
$\dot{x}_i(t)$	车辆 i 在 t 时刻的速度
$\ddot{x}_i(t)$	车辆 i 在 t 时刻的加速度
l_i	车辆 i 的有效车长
τ_i	车辆 i 的反应时间
C	CACC 车队集合
H_L	CACC 车队前方人工驾驶车辆集合
v_f	自由流速度
v_B	接近瓶颈点的速度
C_{down}	瓶颈下游通行能力

续表

变量	含义
C_{up}	瓶颈上游通行能力
S_B	瓶颈点位置(相对控制区域起点的距离,即控制区域终点位置)
S_S	控制区域起点位置
T_i	车辆 i 的轨迹

利用 Newell 简化跟驰模型,对于 CACC 车队前的人工驾驶车辆轨迹,则可以建立任意下游车辆和该车辆的位置关系。即在时空轨迹图上,表现为通过轨迹平移即可得到预测车辆的轨迹,如图4-4所示,实心矩形为人工驾驶车辆,空心矩形表示 CACC 车辆,则前面人工驾驶车辆的轨迹可以通过轨迹平移得到。对于前车而言,其前方的人工驾驶车辆的历史轨迹通过平移后均可得到其当前时刻到历史轨迹结束时刻的平移轨迹,但对于预测轨迹而言,距离当前时刻最近的轨迹所平移的轨迹信息越准确,同时预测的精度越高。因此,在得到平移后的轨迹之后,只选取距离前车最近的车辆的平移轨迹,如图4-4所示。

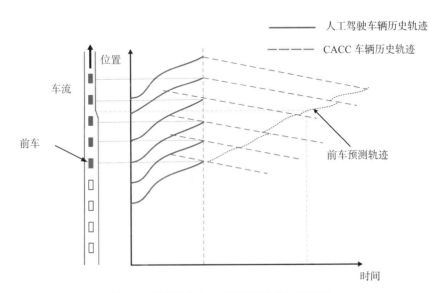

图4-4 基于简化Newell跟驰理论的轨迹平移

通过上述方法和流程，即可通过平移前方车辆的历史轨迹得到CACC车队前车的未来短时轨迹，但仍旧存在一个问题：因只是用Newell简化跟驰模型平移得到近似的轨迹，而Newell简化跟驰模型只是对跟驰行为的一种近似，因此在平移了前车的历史轨迹之后，由于平移量的不同，平移之后的轨迹不一定是连续的。如图4-5所示，会出现两种情况：一是轨迹有重叠；二是某些时刻点无轨迹。在遇到第一种情况时，本研究对第二段轨迹重叠的部分进行删除处理，然后将处理后的平移轨迹与前一段轨迹首尾相连；遇到第二种情况时，也将前一段轨迹与后一段轨迹直接首尾相连，以得到连续且平滑的合理轨迹。

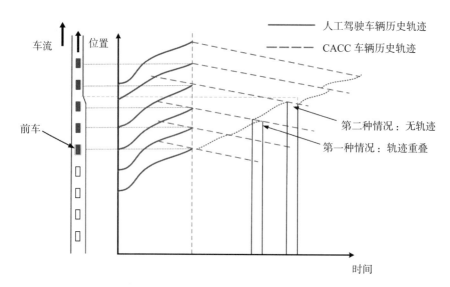

图4-5　轨迹平移连续处理

在某些场景下，如CACC车辆渗透率较高的情况下，CACC车辆队列由于CACC车队前的人工驾驶车辆太少，提供的历史轨迹太短，无法有效预测前车从当前时刻到达瓶颈点时刻的轨迹，如图4-6所示。在遇到此类情况时，可假设前车以接近瓶颈点时的速度 v_B 行驶至瓶颈点，而 v_B 可以根据交通流关系图模型通过公式（4.1）计算得到：

$$v_B = \frac{w v_f\, C_{\text{down}}}{w C_{\text{down}} + v_f\,(\,C_{\text{up}} - C_{\text{down}}\,)} \qquad (4.1)$$

其中，C_{down} 表示瓶颈点下游的通行能力；C_{up} 表示瓶颈点上游的通行能力；v_f 为自由流速度。通过上述流程，可以得到前车未来一段时间内到达瓶颈点前的轨迹。但轨迹平移量高度依赖于估计的 τ_i 和 l_i 参数，保证轨迹预测精度的关键是需要得到较为精确的 τ_i 和 l_i。尽管这两个参数的比值 $\frac{l_i}{\tau_i}$ 同时也是冲击波 w 的估计值，可以先利用交通流参数估计出冲击波 w，进而确定轨迹平移的方向，但本章所研究的场景是全网联环境，所有车辆的历史轨迹是已知的，可使用更为精确的微观轨迹信息来准确描述车辆间的跟驰行为，从而提高轨迹预测精度。

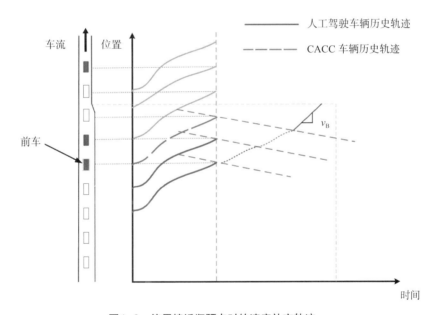

图4-6　使用接近瓶颈点时的速度补充轨迹

参考相关研究[79]中获得前后有人车轨迹参数中的方法，本研究使用一种叫作曲线匹配的方法来直接得到每辆人工驾驶车辆的 $(\tau_i,\ l_i)$ 参数。曲线匹配算法如图4-7所示。

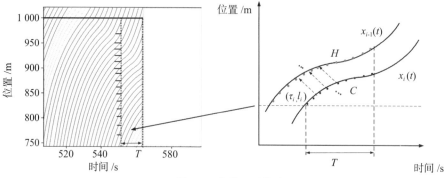

图4-7 曲线匹配算法

关于两条曲线的轨迹点，分别定义集合 $C = \{ p_{1,l} = (x_{1,l}, t_{1,l}) \}$ 和 $H = \{ p_{2,j} = (x_{2,j}, t_{2,j}) \}$，其中每个元素代表时空坐标点位。

首先，定义某点到另一条轨迹曲线的距离，此距离可以用此点到另一条曲线所有离散点中距离最近的点的距离来表示，即轨迹 C 的某点 $p_{1,l}$ 到轨迹段 H 的距离可以表示为

$$d(p_{1,l}, H) = \min_{j \in \{1, \cdots, |H|\}} \| p_{1,l} - p_{2,j} \|^2 \qquad (4.2)$$

两点配对，对于两条轨迹上的点，如果满足以下条件就将其配对：

①条件 1：C 轨迹上的点 $p_{1,l}$ 到轨迹 H 上离其最近的点 $p_{2,j}$ 的距离小于一个阈值 $D_{\max}$。

②条件 2：$p_{1,l}$ 和 $p_{2,j}$ 在各自的轨迹曲线上会形成一条切线，要求两切线夹角小于阈值 Θ。

经过上述流程，可以找到 K_I 对匹配点，对于匹配点，需要找到一个移动量 $(-\tau_I, l_I)$ 使得以下目标函数最小：

$$\min F(\boldsymbol{t}_i) = \frac{1}{K_I} \sum_{k=1}^{K_I} \| P_{1,k}^I + \boldsymbol{t}_I - P_{2,k}^I \|^2 \qquad (4.3)$$

其中，$P_{1,k}^I$ 和 $P_{2,k}^I$ 分别表示 C 和 H 上的匹配点对；K_I 是匹配点对的总数。可以观察到，式（4.3）是一个无约束的二次规划问题，变量简化为一个

向量。通过令其导数为0，即可找到其该向量的最小值：

$$t_I^* = -\frac{\sum_{k=1}^{K_I}(P_{1,k}^I - P_{2,k}^I)}{K_I} \qquad (4.4)$$

H轨迹通过移动点集合得到，$p_{1,t} \leftarrow p_{1,t} + t_I^*$，直到 t_I^* 移动量足够小，迭代收敛，则最终的移动量为所有迭代次数的移动量之和。因此，最后的移动量总量可以通过以下公式得到：

$$(-\tau_1, l_1)^{\mathrm{T}} = \sum t_I^* \qquad (4.5)$$

曲线匹配算法的迭代计算过程可以用以下伪代码概括：

算法1 曲线匹配算法

　　初始化：$I_□ = 0$，选择曲线 $C_□ = \{p_{1,t}\}$ 以及 $H = \{p_{2,t}\}$，初始化阈值 $D_{\max}$ 和 Θ；

　　计算 $\{p_{1,t}\}$ 和 $\{p_{2,t}\}$ 里每个点在轨迹上的斜率；

　　Do

　　使用点匹配算法，为 $\{p_{1,t}\}$ 里的每个点在 $\{p_{2,t}\}$ 里找到所匹配的点并记录所有点；

　　通过公式（4.4）计算移动量 t_I^*；

　　更新轨迹点集合 $p_{1,t} \leftarrow p_{1,t} + t_I^*$；

　　$I = I + 1$；

　　While t_I^* 小于阈值；

　　通过公式（4.5）返回上述每个步长计算出的 t_I^* 之和。

其中，阈值 $D_{\max}$ 和 Θ 的确定方法通过参考 Gong 等人的方法[149]得到。

4.1.1.2　基于空间离散化的 CACC 车队轨迹规划方法

本研究从瓶颈通行效率、速度协调、车队油耗等多角度考虑进行整体最优轨迹规划，将轨迹规划问题转化为常见的离散优化问题，确定目标函数和约束条件，并设计算法进行求解，以获得理想的优化轨迹。参考李力等人[150]提出的一维空间离散和时间离散的轨迹优化方法，本研究针对全网联场景及前车预测轨迹特点，对模型进行了约束条件和目标函数变化，并在建模时考虑了对 CACC 车队车辆的整体轨迹平滑以及终止状态等优化目标，轨迹规划模型所使用到的变量及含义如表4-2所示。

表4-2　轨迹规划建模变量及含义

变量	含义
$v_i(j)$	车辆 i 在离散位置点 j 的速度
$a_i(j)$	车辆 i 在离散位置点 j 的加速度
$t_i(j)$	车辆 i 到达离散位置点 j 的时刻
C	CACC 车队集合
H_L	CACC 车队前方人工驾驶车辆集合
H_F	CACC 车队上游人工驾驶车辆集合
v_f	自由流速度
v_B	下游瓶颈点的速度
v_{min}	CACC 车辆的最小速度
v_{max}	CACC 车辆的最大速度
S_B	瓶颈点位置(相对控制区域起点的距离)
T_i	车辆 i 的轨迹
h_s	CACC 车辆与前方人工驾驶车辆的安全车头时距
h_m	CACC 车辆与 CACC 车辆之间的安全车头时距

本任务将研究场景中的轨迹规划问题简化为一个经典轨迹规划问题，即给定 CACC 车辆的初始状态(包括所有车队进入控制区域的时刻、位置、速度、加速度)以及 CACC 车队前方距离最近的人工驾驶车辆的预测轨迹，为 CACC 车辆整体规划兼顾瓶颈效率和轨迹平滑性的轨迹。轨迹规划的基本条件是：一条轨迹被定义为一个二阶半可微的

函数 $x(t)$，其一阶导数 $\dot{x}(t)$（即速度）应是绝对连续的，二阶导数 $\ddot{x}(t)$（即加速度）应是黎曼可积分的。

　　将轨迹优化问题转化为决策变量为车辆到达每个空间离散点的时间优化问题，决策变量为 $t = [t_i(1), t_i(2), t_i(3), \cdots, t_i(N)]$。如图4-8轨迹规划空间离散化决策变量所示，以空间离散化的方式在空间轴上等间距取样的方法找到决策变量。

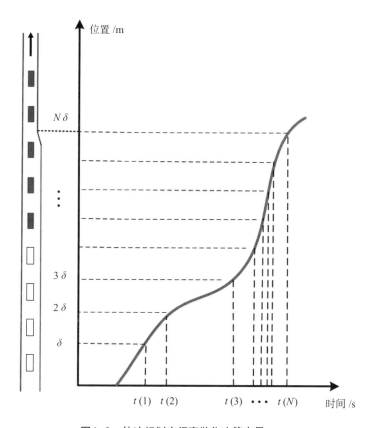

图4-8　轨迹规划空间离散化决策变量

1. 目标函数

　　本研究进行轨迹规划的核心目标是通行能力、轨迹平滑度，以及与前车的间隙（gap）。对于通行能力来说，主要是要求规划的CACC车队能够尽快地驶离瓶颈点，进入瓶颈点下游路段。而轨迹平滑度与通行能力也并非独立的关系，因为在交通流比较稠密的状态下，轨迹越平滑，则意味着交通流越稳定，可间接提高瓶颈处的通行能力。

瓶颈的通行能力由 CACC 车队到达瓶颈点 S_B 的时刻决定。在保证与前车轨迹安全间隔的情况下，CACC 车辆越早到达瓶颈点 S_B，意味着通行时间越短，车辆通过量越大。此外，在保证安全的前提下，到达瓶颈的速度也应越快越好，其中有

$$\min T = \sum_{i=1}^{N} \sum_{j=1}^{N} t_i(N) \quad i \in C \tag{4.6}$$

与单个 CAV 的速度协调相比，用 CACC 车队进行速度协调的优点是可以同时通过头车和尾车进行轨迹控制，达到更多的控制目标。因此，本研究考虑最小化车队头车与前车的间隙之和。如公式（4.7）所示，即阴影部分的面积最小化：

$$\min G = \sum_{i=1}^{N} \sum_{j=1}^{N} \left(t_i(j) - t_p(j) \right) \quad i \in C \quad j = P_i, \cdots, N \tag{4.7}$$

在瓶颈处，因交通流较为稠密，CAV 与人工驾驶车辆交互频繁，保证规划轨迹的平滑性实则是降低速度的变化幅度，减少急加减速和怠速的情况，进而降低通行能力下降的概率。同时，约束条件中的轨迹的平滑度定义为加速度的 L_2 范数（向量中每个元素的平方和的平方根），即计算加速度的平方和最小化：

$$\min S = \sum_{i=1}^{N} \sum_{j=1}^{N} a_i(j)^2 \quad i \in C \quad j = P_i, \cdots, N-1 \tag{4.8}$$

因此，整个轨迹规划模型的目标函数可以写成以下表达式：

$$\min A = \alpha T + \beta G + \gamma S \qquad (4.9)$$

2. 约束条件

$$a_{\min} \leqslant \frac{v_{\max}^3}{\delta^2}\left(2t_i(j+1)-t_i(j)-t_i(j+2)\right) \leqslant a_{\max} \qquad (4.10)$$

$$t_i(j)-t_p(j) \geqslant h_s \quad i \in C, \ (j{=}P_i, \cdots, N{-}1) \qquad (4.11)$$

$$t_i(j)-t_{i-1}(j) > h_m \quad i \in C, \ (j{=}P_i, \cdots, N{-}1) \qquad (4.12)$$

$$t_i(P_i) = T_i, \ v_i(P_i) = V_i, \ i \in C \qquad (4.13)$$

$$v_{\text{end}} - \mu \leqslant v_i(N) \leqslant v_{\text{end}} + \mu, \ i \in C \qquad (4.14)$$

公式（4.10）为车辆动力学约束，具体表现为加速度的线性约束条件；公式（4.11）为与前车的安全车头时间距离约束，$t_p(j)$ 表示 CACC 车队前方人工驾驶车辆到达离散空间点 j 时的时刻；公式（4.12）为 CACC 车辆间的车头时间距离约束；公式（4.13）为初始状态约束，V_i 表示车辆在 i 轨迹规划时刻的速度；公式（4.14）为终止状态约束，μ 表示速度范围调控阈值。

3. 求解算法

本研究参考李力等人[150]提出的方法，采用交通领域常用的 F-W 算法来求解上述目标函数为非线性的优化问题。F-W 算法的核心思想是给定初值，通过对目标函数在初值点近似线性化，把问题归为求解一系列线性规划问题，其步骤如下：

算法2 F-W算法求解非线性规划

初始化：设定初始解 t_0，设迭代次数 $k=0$，迭代结束误差阈值为 c。

Step1：求解以下线性规划子问题。

$$\min_{d_k} d_k^T \nabla A(t_k)$$

$$\text{s. t. } d_k \in \Omega$$

其中，$A(t_k)$ 为目标函数；Ω 为约束条件。

Step2：更新迭代步长。

$$\gamma = \frac{2}{k+2}$$

Step3：更新解和迭代次数。

$$t_{k+1} \leftarrow t_k + \gamma(d_k - t_k)$$

$$k \leftarrow k+1$$

Step4：判断终止条件，如果 $\|t_{k+1}-t_k\| \geq c$，跳至 Step1，否则结束。

4.1.2 主要结果

4.1.2.1 静态案例分析

为验证本书提出的轨迹预测方法，使用仿真模拟冲击波，分别在不同跟驰模型的仿真场景下预测前车的轨迹，轨迹预测精度定义如下：设预测开始时刻为 t_1，对应的前车实际轨迹位置点 $x(t_1)$；设预测轨迹开始位置为 $x'(t_1)$，结束位置为 $x'(t_2)$，即预测轨迹结束时刻为 t_2（到达瓶颈点时的时刻），如图4-9所示，则位置 $x'(t_1)$ 至位置 $x'(t_2)$ 的轨迹点数量 $N=\frac{t_1-t_2}{\Delta t}$，$\Delta t$ 为轨迹点取样时间步长。

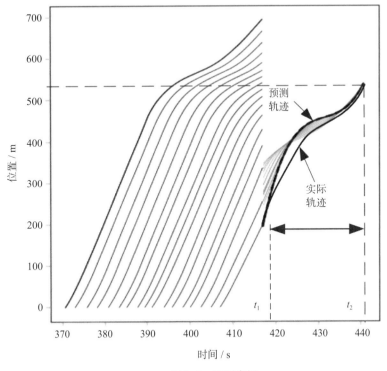

图4-9 预测案例

我们探讨轨迹规划模型在不同情况下的规划效果以及三个目标函数的权重取值，在对轨迹规划方法进行数值模拟时，各类参数取值如表4-3所示。

表4-3 数值模拟参数设置

参数	含义	取值
a_{min}	最小减速度	-5 m/s^2
a_{max}	最大加速度	5 m/s^2
v_{max}	最大速度	25 m/s
v_{min}	最小速度	0 m/s
a_{min}^1	车队头车的最小减速度	-10 m/s^2
a_{max}^1	车队头车的最大加速度	10 m/s^2
n	车队规模	4

参数	含义	取值
k	车队上游人工驾驶车辆数	5
h_s	CACC 车辆之间的安全车头时间距离	0.6 s
h_m	CACC 车辆与前方人工驾驶车辆的安全车头时距	1.2 s
α	通行能力优化系数	1
β	间隙优化系数	10
γ	平滑度优化系数	0

首先，选取不同类型的前车预测轨迹曲线作为轨迹模型的输入，同时模拟 CACC 车队和其上游的数辆人工驾驶车辆的到达，使用规划模型优化 CACC 车队到达瓶颈点前的轨迹，如表4-4所示。

表4-4　CACC 车队进入控制区域时的状态

车辆编号	控制开始时刻	位置 /m	速度 /(m·s⁻¹)
CACC1	$t_p + 5$	1 080	13
CACC2	$t_p + 5$	1 060	12
CACC3	$t_p + 5$	1 019	12
CACC4	$t_p + 5$	1 004	12
人工1	—	980	11
人工2	—	965	12
人工3	—	950	11
人工4	—	935	12
人工5	—	920	11

令前车轨迹刚进入控制区域的时刻为 t_p，设 CACC 车队尾车进入控制区域的时刻为 $t_p + 5$，即 CACC 车队进行轨迹的时刻。算例模拟了

4辆CACC车辆和5辆在车队上游紧密跟驰的人工驾驶车辆。使用IDM作为CACC车队上游人工驾驶车辆的跟驰模型，给定CACC车队每辆CAV刚进入控制区域的初始状态，模拟CACC车队轨迹及其上游人工驾驶车辆的轨迹。其中假设下游路段通行能力不会下降，车辆在到达瓶颈点后仍旧以到达瓶颈点前的参数来行驶。通过计算上游人工驾驶车辆到达瓶颈点时的速度和时间以及在此过程中的速度标准差来评价轨迹优化方法的合理性和效果，数值模拟通过Python和Gurobi实现。图4-10至图4-12是轨迹规划的位置、速度、加速度的对比。

图4-13是CACC车队是否控制状态下的轨迹对比，在前车轨迹较为平滑但仍有轻微的冲击波现象的条件下，使用CACC车队仍可减缓冲击波。此外，在算例求解中发现，头车轨迹与间隙权重系数关系很大，通常情况下β的取值要非常小才能得到较为理想的轨迹。最终将轨迹规划结果进行统计，如表4-5所示，从静态算例结果可以发现，在相同的输入条件下，CACC车队轨迹规划模型给定的轨迹无论是在通行能力（最后一辆人工驾驶车辆到达瓶颈点的时刻）还是在轨迹平滑目标方面都具有较好的表现。且在模拟中发现，通行能力对系数权重等不敏感。

表4-5　静态算例结果（人工驾驶车队）

算例	到达瓶颈点前的平均速度 /(m/s)	速度标准差 /(m/s)	最后人工驾驶车辆离开时刻 /s	平均离开速度 /(m/s)
前车急减速＋车队控制	18.2	5.3	428.2	24.4
前车急减速＋无控制	17.3	7.6	430.7	22.3
前车正常减速＋车队控制	15.5	4.2	989.3	24.7
前车正常减速＋无控制	14.5	6.4	990.5	23.5

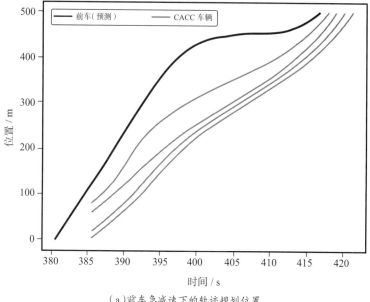

（a）前车急减速下的轨迹规划位置

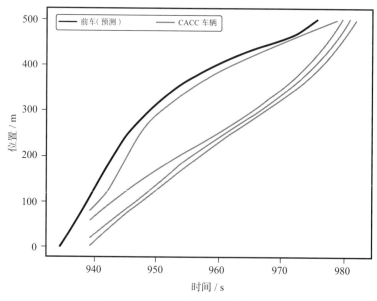

（b）前车无急减速下的轨迹规划位置

图4-10　不同前车预测轨迹下的轨迹规划位置图

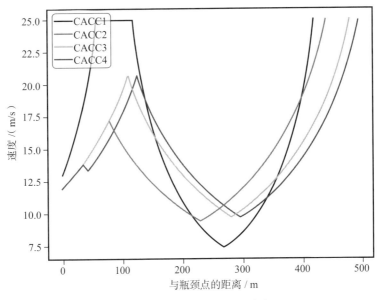

（a）前车急减速下的轨迹规划速度

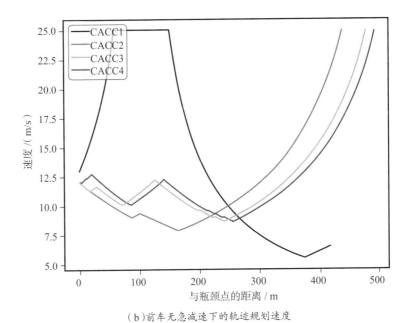

（b）前车无急减速下的轨迹规划速度

图4-11 不同前车预测轨迹下的轨迹规划速度图

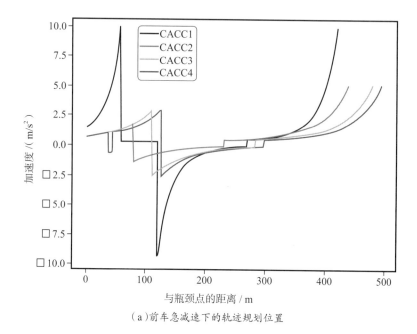

（a）前车急减速下的轨迹规划位置

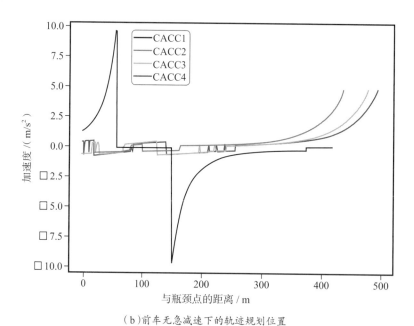

（b）前车无急减速下的轨迹规划位置

图4-12　不同前车预测轨迹下的轨迹规划加速度图

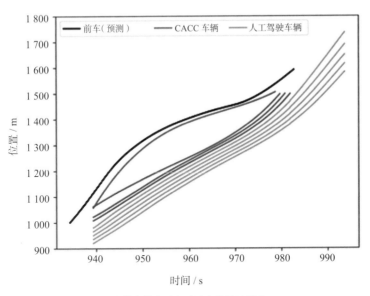

（a）前车轨迹无急减速车队轨迹优化

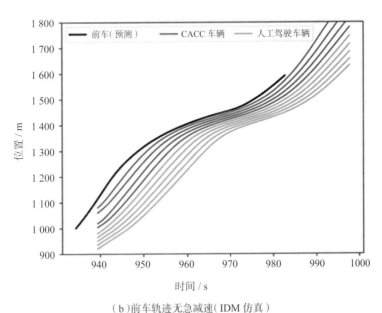

（b）前车轨迹无急减速（IDM 仿真）

图4-13　CACC车队是否控制状态下的轨迹对比

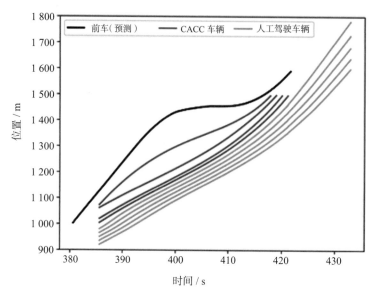

（c）前车轨迹急减速车队轨迹优化

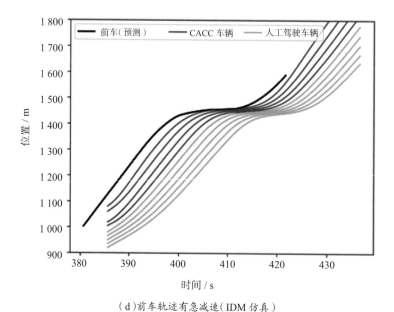

（d）前车轨迹有急减速（IDM仿真）

图4-13　CACC车队是否控制状态下的轨迹对比（续）

在确定了轨迹规划的具体场景和目标后，确定了轨迹规划问题的研究边界与假设条件，接着基于空间离散化的建模思路，构建若干约束条件和目标函数，最后给出了求解模型的算法，并结合数个典型的静态算例进行了分析和讨论。本节提出的轨迹优化模型的创新点在于将 CACC 车队作为控制手段引入交通流的管控中，在保证 CACC 车辆轨迹平滑的条件下，减小与前方人工驾驶车辆的空白间隙，同时平滑上游车辆的轨迹，以提升瓶颈通行效率，这与基于单个 CAV 车辆的速度协调方法相比，对交通流具有更强的调控性。多个静态算例结果表明，提出的轨迹优化模型可以减小速度标准差，提升车辆离开瓶颈点时的速度，提升瓶颈点的通过量。

4.1.2.2　动态案例分析

本研究通过模拟瓶颈处动态交通仿真环境，模拟 CACC 车队与人工驾驶车辆的到达以及下游的冲击波，进而利用前面介绍的轨迹预测和规划方法对 CACC 车辆进行实时控制，以评估整个控制方案的效果。最典型的单车道限速瓶颈场景是高速公路隧道，其隧道口一般是瓶颈点，如图 4-14 所示。本研究使用 Python、Gurobi 和 SUMO 联合实现所提出的轨迹模型和算法，利用 Python 的 Traci 接口对 SUMO 仿真平台进行信息获取及轨迹预测，进而利用 Python 和 Gurobi 实现基础规划模型求解，然后再将模型求解的轨迹结果转化为速度信息，以速度指令的方式传输给每个 CACC 车辆，仿真实现流程如图 4-14 所示。

图4-14　单车道限速瓶颈仿真场景

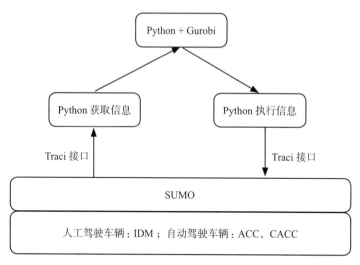

图4-15 仿真实现流程

为评估提出的轨迹控制方法的效果，本研究运用轨迹图、速度标准差和时空拥堵图等分析了轨迹控制方法的效果。分别模拟了不同交通到达率、不同CACC车队渗透率下的各项性能指标，并和无控制方案下的性能指标进行了对比分析，仿真参数设置见表4-6。

表4-6 仿真参数设置

参数	取值
瓶颈长度 L_S	500 m
车流到达分布	均匀分布
IDM 参数	除 $S_0 = 2.5$ 以外，其他参数与第2章一致
CACC 参数	PATH 实验室标定参数（第2章）
ACC 参数	PATH 实验室标定参数（第2章）
轨迹规划模型参数	与第4章算例分析所用参数一致
CACC 车队规模限制	[3，4]
瓶颈点上游路段限速	35 m/s
瓶颈点下游路段限速	25 m/s

　　图4-16是在交通到达率为1 800 辆/h、CACC车辆渗透率为15%的状态下得到的时空轨迹图，图4-16(a)是应用本书提出的CACC车队控制方法得到的轨迹图，而图4-16(b)是未使用任何控制方法的轨迹图。可以观察到，图4-16(b)存在3个明显的交通流冲击波，而图4-16(a)轨迹较为平顺，未出现明显的振荡和冲击波，说明控制方法整体达到了预期减缓冲击波的效果。同时，可以观察到，在使用车队进行速度协调时，车队头车与其前车的空白间隙缩小到很小的范围，虽然在某些情况下车队内部之间由于优化模型的原因产生了新的间隙，如图4-17所示。进一步地，对流量和速度标准差进行分析，图4-18(a)表示在仿真过程中的通过量变化趋势，通过量为统计瓶颈点（$S_B=1\,000\,\text{m}$）的时间区间内的断面通过车辆数量。其中，速度标准差通过时间间隔区间内仿真场景内所有车辆的速度标准差得到。可以发现，本书提出的控制方法可有效降低瓶颈处的速度振荡，提升瓶颈的通行能力，达到了预期效果。

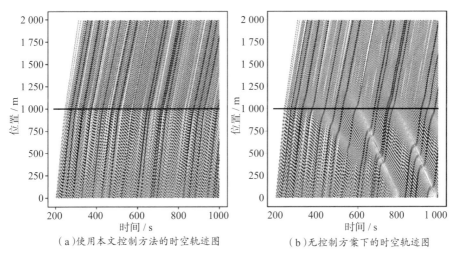

（a）使用本文控制方法的时空轨迹图　　　（b）无控制方案下的时空轨迹图

图4-16　是否使用本书控制方法时空轨迹图对比

（相同流量，相同渗透率下）

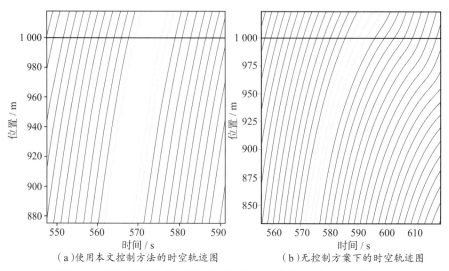

（a）使用本文控制方法的时空轨迹图　　　　（b）无控制方案下的时空轨迹图

图4-17　是否使用本书控制方法时空轨迹图对比（某个CACC车队）

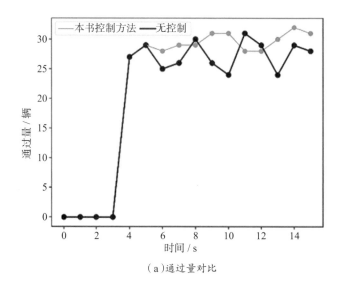

（a）通过量对比

图4-18　通过量及速度标准差变化趋势

（X轴为时间间隔索引，时间间隔60 s，前200 s无车辆输入）

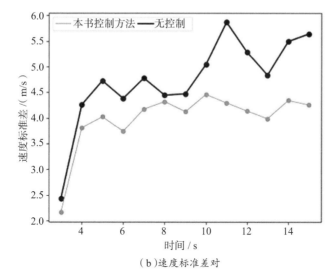

（b）速度标准差对

图4-18 通过量及速度标准差变化趋势（续）

（X轴为时间间隔索引，时间间隔60 s，前200 s无车辆输入）

为讨论控制方法对各类输入的敏感性，本书在相同渗透率、不同流量下对控制方案和无控制方案的瓶颈通行效率指标进行了仿真分析。分别模拟在1 400、1 500、1 600、1 700、1 800、1 900、2 000到达率下的通过量与速度标准差。车辆生成车头时间距离服从区间为 $[h-0.5, h+0.5]$ 的均匀分布，其中，h表示对应到达率下的平均车头时距。对应流量下，每次仿真时间为800 s，仿真次数为1次。

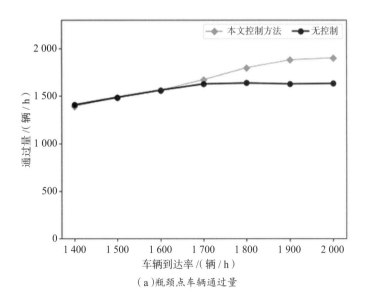

（a）瓶颈点车辆通过量

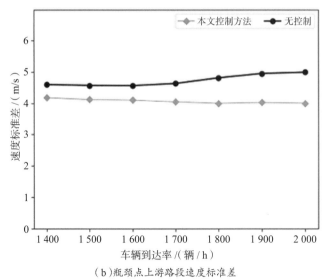

（b）瓶颈点上游路段速度标准差

图4-19　不同流量下的性能指标对比

如图4-19和表4-7的仿真结果汇总（所有车辆）所示，本研究提出的轨迹控制方案在车辆到达率较低时，与无控制方案的达到的控制效果一致，当到达率逐渐增大至1 700辆/h时，无控制下的通过量趋于最大值，说明此时无控制下瓶颈通过量已经达到了通行能力值，且在其通过量到达通行能力极限之后,随着瓶颈上游车辆到达率逐渐增大,通过量不升反降,说明此时出现了一定的通行能力下降现象。而在应用了本研究控制方法的情况下,直至车辆到达率到达 1 900~2 000 时,瓶颈通过量才趋于极限值,说明本研究控制方法在此场景下将瓶颈的通行能力提升了约 10%。

表4-7 仿真结果汇总(所有车辆)

轨迹控制方案	到达瓶颈点前的平均速度 /(m/s)	速度标准差均值 /(m/s)	平均通过量 /(veh/h)	离开瓶颈点速度 /(m/s)
本书控制方法	20.5	4.3	1 832	24.3
无控制	18.7	4.9	1 645	22.4

在 CACC 车辆渗透率为 15% 时,计算在不同车辆到达率下,仿真时间域内瓶颈点上游 0~1 000 m 所有车辆行驶过程中的速度标准差,以衡量瓶颈点上游路段车辆的轨迹平滑程度。图 4-19(b) 显示,无论是在到达率较低或者较高的情况下,使用了本书控制方法的瓶颈点上游速度标准差均小于无控制情况下的速度标准差,降低幅度可达到 16%~21%,且随着流量的增大,本书控制方法的速度标准差降低幅度更大。

通过上述分析发现,本书控制方法在典型渗透率下的单车道瓶颈场景下具有良好的性能表现,特别是对于速度标准差指标具有明显的性能提升效果,说明此方法可有效平滑上游路段人工驾驶车辆的轨迹,对瓶颈交通流起到了很好的调节作用。同时,由于 CACC 车队的轨迹引导作用,车辆到达瓶颈点时的速度有较大提升,到达瓶颈点的时间减少,即在瓶颈路段总的旅行时间相应减少,瓶颈整体通行能力明显提升。

本节通过模拟单车道限速瓶颈场景并将本书提出的控制方法应用至瓶颈路段管控中,依据路段时空轨迹图、典型渗透率下的仿真实验结果性能指标分析，表明本节的控制方法较无控制方案在瓶颈点通过量和瓶颈上游路段车辆的速度标准差等指标上均有较大提升，这与静态算例分析得出的结论一致，说明本节提出的 CACC 轨迹控制方法达到了预期的平滑后车轨迹、提升瓶颈通行能力的控制目标。同时，从轨迹图中可以观察到，在对上游路段的人工驾驶车辆进行轨迹平滑的过程中，整体来看未出现较大的空白间隙，达到了预期的空白间隙控制目标。

4.2 自动驾驶环境下基于虚拟信号的交叉口控制

在本研究中，互联和自主的概念被应用于协调和同步车辆在交叉口的到达和离开，有效地结束了对交通信号的需求。在一套"自主操作规则"下，车辆可以保持近乎连续的运动，同时也可以安全地分离开来，创造一个"虚拟交通信号"（vehicle tracking system，VTS）系统。对这些规则的评估表明，与执行控制和固定时间信号控制相比，延迟和停车时间将可能减少 50% ~ 97% 以上，并且没有碰撞的风险。这些规则不仅可以减少拥堵、缩短旅行时间和防止碰撞，还可以降低燃料消耗和减少废气排放。

4.2.1 模型方法

4.2.1.1 研究场景及建模思路

本节研究场景为标准的四进口道交叉口，每个方向为双向六车道，如图 4-20(a) 所示，无线通信技术（简称 V2X）覆盖以交叉口为中心、

以 R 为半径的区域；交叉口每个车道设定为固定转向，如图4-20(b)所示，车辆在进入不可变道区之前可换道，右转方向始终绿灯。

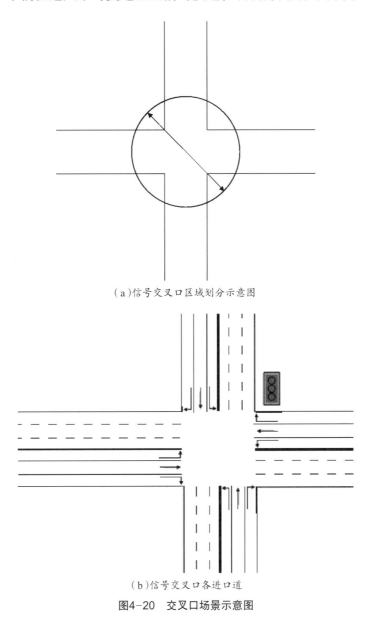

(a)信号交叉口区域划分示意图

(b)信号交叉口各进口道

图4-20 交叉口场景示意图

以车队作为基本控制单元，按照以下步骤建模。

（1）车辆换道：车辆在进入不可变道区之前变道，具有相同转弯需求的车辆在可变道区行驶到同向车道。

（2）车辆编队：CAV车辆在不可变道区组队。

（3）信号灯控制优化：根据车辆信息进行信号灯优化。

（4）引导车队：根据信号灯优化结果进行车辆轨迹引导。

4.2.1.2 车辆编队模型

车辆进入不可变道区域后，具有同样方向的车辆组队作为控制单元。车辆编队条件如下：

$$|v_{i,m}^{f} - v_{i,m}^{1}| \leqslant \Delta v \tag{4.15}$$

$$|d_{i,m}^{f} - d_{i,m}^{1}| \leqslant \Delta d \tag{4.16}$$

其中，$v_{i,m}^{1}$为车队$P(i,m)$中头车的速度；$P(i,m)$表示车队在i进口道（$i=1$，2，3，4，分别表示南、东、北、西进口道），方向为m（$m=1$，2，3，分别表示左转、直行、右转），如$P(1,3)$表示南进口右转车队；$v_{i,m}^{f}$为$P(i,m)$的跟随车辆速度；Δv为速度阈值；$d_{i,m}^{1}$，$d_{i,m}^{f}$分别为车队$P(i,m)$中头车和跟随车辆到停止线的距离；Δd为距离阈值。式（4.15）和式（4.16）表明，前车和后方跟随车辆同时满足以下两个条件时即可组队：①相邻车辆的速度差小于Δv；②相邻两车的间距小于Δd。

组队后，车队$P(i,m)$中的车辆数发生如下变化：

$$n_{i,m} = n_{i,m}^{0} + n_{i,m}^{f} \tag{4.17}$$

其中，$n_{i,m}$为组队后车队$P(i,m)$中的车辆数；$n_{i,m}^{0}$为组队前车队$P(i,m)$中的车辆数；$n_{i,m}^{f}$为车队$P(i,m)$后面跟随的车辆数。

车辆在跟驰过程中的安全速度基于改进的Krauss模型，按下式计算：

$$v_{i,m}^{f} = \min\left\{ v_{i,m}^{f} + \frac{D_{i,m}^{1,f} + d_{c}}{(v_{i,m}^{1} + v_{f})/2a_{max}}, \frac{d_{i,m}^{f}}{v_{f}/2a_{max}} \right\} \quad (4.18)$$

其中，$D_{i,m}^{1,f}$ 为车队 $P(i,m)$ 头车与后面跟驰车辆的距离；d_{c} 为预设的安全距离；v_{f} 为自由流速度；设 $v_{i,m}$ 为车队速度，则车队 $P(i,m)$ 速度小于自由流速度，即 $v_{i,m} < v_{f}$；a_{max} 为车队的最大加速度。该式保证后车不会超过前车和停止线。

4.2.1.3　信号灯控制优化模型

模型的理想优化目标为车队 $P(i,m)$ 抵达停止线时可直接通过交叉口，若有某两组车队距离停止线都很近，或车队到达停止线的时间间隔很短，此目标就难以实现。因此，基于交叉口通行效率最优的原则，将优化目标设为最小化所有车辆的通行时间。

车队 $P(i,m)$ 抵达交叉口停止线时有两种可能的情况：

（1）车队 $P(i,m)$ 到达停止线时信号灯未变为绿灯，需在停止线停车等待，即 $P(i,m)$ 的绿灯开始时间在车队减速直到在停止线停止的时间之后：

$$t_{i,m}^{0} \leqslant S_{i,m} \quad (4.19)$$

其中，$t_{i,m}^{0}$ 为车队 $P(i,m)$ 减速直到在停止线停止的时间；$S_{i,m}$ 为车队 $P(i,m)$ 的绿灯开始时间。

车队从开始到通过交叉口的行程时间等于到达停止线的时间、在停止线的等待时间及穿过交叉口的时间之和。假定车队 $P(i,m)$ 以饱和流率穿过，则通过交叉口的时间可用下式计算：

$$T_{i,m}^{1} = t_{i,m}^{0} + S_{i,m} - t_{i,m}^{0} + t_{c} + \frac{h(n_{i,m}-1)}{2} = S_{i,m} + t_{c} + \frac{h \cdot (n_{i,m}-1)}{2} \quad (4.20)$$

其中，$T_{i,m}^{1}$ 为该情况下车队 $P(i,m)$ 从开始到通过交叉口的行程时间；

t_c，h为常数，分别表示头车经过交叉口的时间和车头时距；其他变量意义同前。

（2）车队$P(i, m)$到达交叉口时信号灯已是绿灯，可不停车通过，即车队$P(i, m)$到达停止线时绿灯已经启亮：

$$S_{i,m} \leqslant t'_{i,m} \leqslant t^0_{i,m} \tag{4.21}$$

其中，$t'_{i,m}$为车队到达停止线的时间；为保证车队$P(i, m)$中所有车辆可在剩余的绿灯时长内安全穿过交叉口，须满足以下条件：

$$G_{i,m} - (t'_{i,m} - S_{i,m}) \geqslant t_c + h \cdot (n_{i,m} - 1) \tag{4.22}$$

其中，$G_{i,m}$为车队$P(i, m)$的绿灯持续时间；其他变量意义同前。

在该情况下，$P(i, m)$的行程时间为到达停止线的时间与穿过交叉口的时间之和：

$$T^2_{i,m} = t'_{i,m} + t_c + \frac{h \cdot (n_{i,m} - 1)}{2} \tag{4.23}$$

其中，$T^2_{i,m}$为从$t = 0$开始到车队$P(i, m)$通过交叉口的行程时间；其他变量意义同前。

所有车队通过交叉口的行程时间总和为

$$
\begin{aligned}
T &= \sum_{P(i,m) \in \Psi_1} T^1_{i,m} \cdot n_{i,m} + \sum_{P(i,m) \in \Psi_2} T^2_{i,m} \cdot n_{i,m} \\
&= \sum_{P(i,m) \in \Psi_1} (S_{i,m} + t_c + h \cdot (n_{i,m} - 1)) \cdot n_{i,m} + \sum_{P(i,m) \in \Psi_2} (t'_{i,m} + t_c + h \cdot (n_{i,m} - 1)) \cdot n_{i,m} \\
&= \sum_{P(i,m) \in \Psi_1} S_{i,m} \cdot n_{i,m} + \sum_{P(i,m) \in \Psi_2} t'_{i,m} \cdot n_{i,m} + \sum_{P(i,m) \in \Psi} (t_c + h \cdot (n_{i,m} - 1)) \cdot n_{i,m}
\end{aligned}
\tag{4.24}
$$

其中，T为所有车队通过交叉口的总行程时间；ψ为所有车队所在的集合；ψ_1为需停车等待的车队集合；ψ_2为可直接通过交叉口的车队集合。

由于 $\sum\limits_{P(i,m)\in\Psi}(t_c+h\cdot(n_{i,m}-1))\cdot n_{i,m}$ 为常数，因此在最小化 T 时可以省略，即

$$\min T \longleftrightarrow \min\left(\sum_{P(i,m)\in\Psi_1}S_{i,m}\cdot n_{i,m}+\sum_{P(i,m)\in\Psi_2}t'_{l,m}\cdot n_{i,m}\right) \qquad （4.25）$$

结合式（4.17）与式（4.21），有

$$\sum_{P(i,m)\in\Psi_1}S_{i,m}\cdot n_{i,m}+\sum_{P(i,m)\in\Psi_2}t'_{i,m}\cdot n_{i,m}\geqslant$$
$$\sum_{P(i,m)\in\Psi_1}S_{i,m}\cdot n_{i,m}+\sum_{P(i,m)\in\Psi_2}S_{i,m}\cdot n_{i,m}=\sum_{P(i,m)\in\Psi}S_{i,m}\cdot n_{i,m} \qquad （4.26）$$

综上，可得所有车辆行程时间的计算公式：

$$\min T \Longleftrightarrow \min\sum_{P(i,m)\in\Psi}S_{i,m}\cdot n_{i,m} \qquad （4.27）$$

车辆行驶时间约束：可通过对 CAV 进行控制使其以一定的速度行驶，若需要加减速，则控制车队 $P(i,m)$ 以恒定的加速度或减速度通行。车队 $P(i,m)$ 到达停止线时速度大于等于 0，即

$$v'_{i,m}\geqslant 0 \qquad （4.28）$$

其中，$v'_{i,m}$为车队 $P(i,m)$ 到达停止线时的速度。

车队抵达停止线需要的最长时间，即其减速直到在交叉口停止线停止的时间为

$$t_{i,m}^{0} = \frac{2d_{i,m}}{v_{i,m}+0} \qquad (4.29)$$

其中，$d_{i,m}$ 表示车队 $P(i, m)$ 到停止线的距离。车队 $P(i, m)$ 抵达停止线的最短时间为

$$t_{i,m}^{s} = \frac{2d_{i,m}}{v_{i,m}+v_{f}} \qquad (4.30)$$

其中，$t_{i,m}^{s}$ 为车队抵达停止线的最短时间；其他变量定义同前。

于是，车队 $P(i, m)$ 抵达停止线的时间应满足以下条件：

$$t_{i,m}^{s} \leqslant t'_{i,m} \leqslant t_{i,m}^{0} \qquad (4.31)$$

绿灯开始时间约束：理想情况下，车队 $P(i, m)$ 到达停止线的时间等于绿灯启亮时间，即

$$S_{i,m} = t'_{i,m} \qquad STA_{i,m} = t'_{i,m} \qquad (4.32)$$

最小绿灯时间：为保证车队中所有车辆在一个相位内通过交叉口，对最短绿灯时间进行约束，即

$$G_{i,m} = t_{c} + h \cdot (n_{i,m}-1) \qquad (4.33)$$

避免冲突约束：考虑到安全性，模型设置避免冲突约束以确保车队之间不发生碰撞：

$$\begin{cases} \varOmega_{i,m,i',m'} + \varOmega_{i',m',i,m} = 1 \\ S_{i,m}+M \cdot \varOmega_{i',m',i,m} \geqslant S_{i',m'}+G_{i'm'} \end{cases} \qquad (4.34)$$

其中，$\varOmega_{i,m,i',m'}$ 表示两个相冲突的车队 $P(i, m)$ 和 $P(i', m')$ 的信号相位顺序，为 $0\sim1$ 的变量，$\varOmega_{i,m,i',m'} = 0$ 代表 $P(i', m')$ 的绿灯开始时间在 $P(i, m)$ 的绿灯结束之后，$\varOmega_{i,m,i',m'} = 1$ 表示 $P(i', m')$ 的绿灯开始时间

在 $P(i, m)$ 的绿灯结束之前；$\Omega_{i', m', i, m}$ 表示两个相冲突的车队 $P(i', m')$ 和 $P(i, m)$ 的信号相位顺序，意义同 $\Omega_{i, m, i', m'}$；M 为1个无穷大的数。

综上，单交叉口混行车队信号灯控制优化模型目标函数为

$$\min \sum_{P(i, m) \in \Psi} S_{i, m} \cdot n_{i, m},$$ 约束条件为式（4.28）~式（4.34）。

4.2.1.4　车队（车辆）实时引导策略

根据优化的交叉口信号配时，计算车队如何抵达路口并对车辆进行轨迹引导。目标是将车队（车辆）引导至期望状态（期望到达停车线的时间和期望速度）。本书采用 Stebbins[151] 提出的考虑绿灯时间的车速优化引导策略（green light optimal speed advisory，GLOSA）对车队进行引导。车队先以恒定的加速度或减速度加减速，然后匀速行驶，再以恒定的加速度或减速度达到期望状态，由此确定自动驾驶车的最优行驶策略。

4.2.1.5　混行场景下建模方法

基于上述的虚拟信号灯控制模型，考虑自动驾驶车辆与人工驾驶网联车辆混行的场景，这里主要讲解人工驾驶车辆的特殊之处，编队模型，信号灯控制优化模型以及车队引导策略与上一节类似，不过多赘述。人工驾驶网联车辆（CV）的特点在于以下几个方面：

（1）混行车辆编队：CV 根据一定概率接受建议加入车队；若 CV 没有听从建议而滞后，后方来车判断跟驰条件选择是否组队，或该 CV 单独成为一队，并进入下一优化周期。

（2）轨迹引导：CV 以一定概率 P 接受速度建议并且 CV 在行驶过程中速度容易出现波动。

充分考虑 CV 的特点，信号灯控制优化模型能给予人工驾驶网联车更多的行驶时间，确保人工驾驶网联车能安全、效率地通过交叉口。

4.2.2 主要结果

为了验证模型的有效性，在不同的场景下对模型进行了验证，发现模型能够有效降低停车次数，并且在不同的交通网络下和交通需求下，油耗降低了10%~35%，二氧化碳排放量降低了10%~35%。

4.2.2.1 自动驾驶环境下案例验证

通过与固定配时，感应信号控制和另一种CAV控制方法"Batch"[152]进行对比，在孤立交叉口以及路网分别验证了全网联-自动驾驶环境下控制方法的有效性。四种控制类型在不同交通需求的孤立交叉口场景下性能指标变化趋势如图4-21所示。与其他控制方法相比，虚拟交通信号控制显著降低了每种需求条件下的平均延迟。平均延迟降低了32%~69%，证明了优化模型的稳健性。与延迟比较类似，还对每种需求情境下的四种控制类型进行了平均停靠次数的比较。在VTS下，相当数量的停靠点减少是显而易见的，在不同的交通需求条件下，从10%到97%不等。

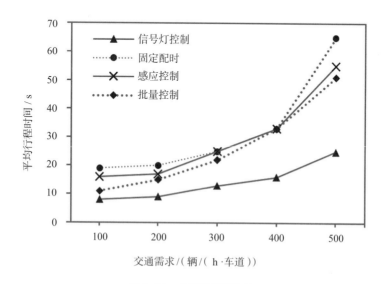

图4-21 交叉口指标比较

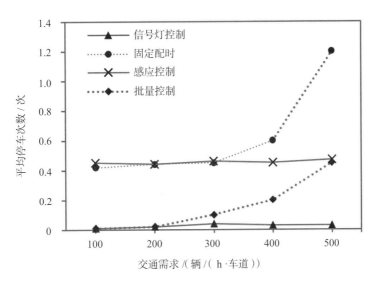

图4-21 交叉口指标比较（续）

　　为了测试虚拟信号灯在交通网络控制中的有效性，将单个交叉口案例研究扩展到方格式网络，如图4-22所示。每条车道的交通量从100辆/h到500辆/h不等。每辆车随机选择目的地，即在交叉口的每一臂上，左、直、右转的百分比是相同的。图4-22（a）为2×2网络仿真截图；图4-22（b）为3×3网络仿真截图；图4-22（c）为2×2网络的平均延迟；图4-22（d）为3×3网络的平均延迟；图4-22（e）2×2为网络的平均停车次数；图4-22（f）为3×3网络的平均停车次数；图4-22（g）为 ×2网络的油耗；图4-22（h）为3×3网络的油耗；图4-22（i）为2×2网络的CO_2排放量；图4-22（j）为3×3网络的CO_2排放量。

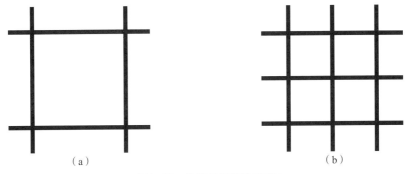

（a）　　　　　　　　　　　　　　　（b）

图4-22　仿真场景及结果对比

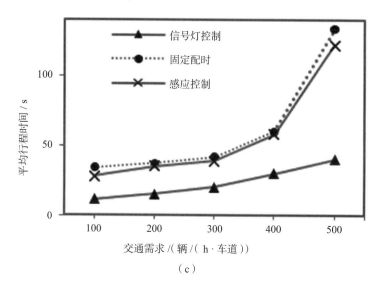

（c）

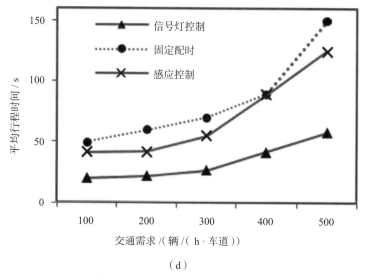

（d）

图4-22　仿真场景及结果对比（续）

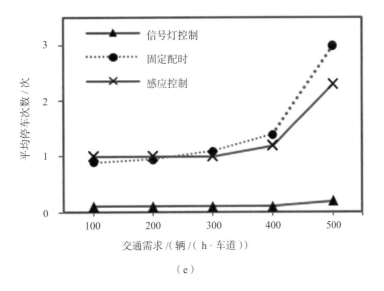

（e）

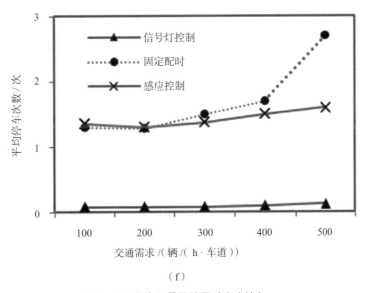

（f）

图4-22 仿真场景及结果对比（续）

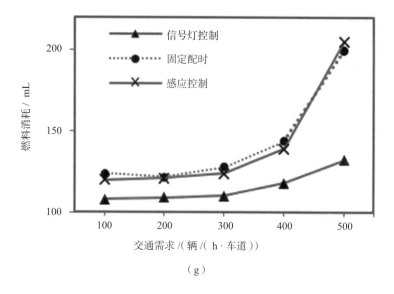

（g）

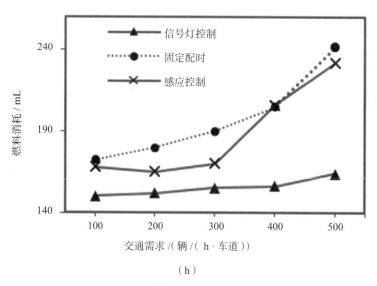

（h）

图4-22　仿真场景及结果对比（续）

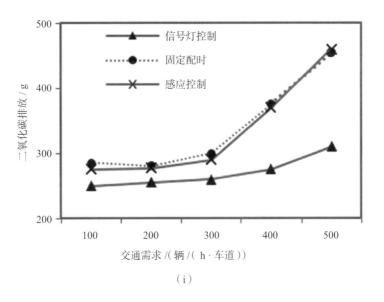

（i）

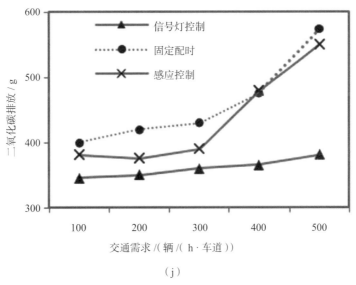

（j）

图4-22 仿真场景及结果对比（续）

图4-22说明了虚拟信号灯控制、固定配时和感应控制之间的比较。可以得到以下结论：虚拟信号灯控制平均行程时间和平均停车次数大大减少，范围在30%~97%，尤其是停靠次数减少，虚拟信号灯控制标准偏差较小，这意味着虚拟信号灯控制与固定时间控制相比有更强的鲁棒性和稳定性。此外还发现虚拟信号灯控制意味着更少的燃料消耗和二氧化碳排放。在不同的网络规模和交通需求下，油耗降低了10%~35%，二氧化碳排放量降低了10%~35%。

4.2.2.2　混行环境下案例验证

此案例选择孤立单交叉口场景进行验证，设置两种交通流量（100辆/（h·车道）和400辆/（h·车道）），左/直/右交通流的转向比为1:1:1，设置5%~100%的CAV渗透率，运行仿真3 600 s，对比本书提出的模型和自适应交通控制方案，得到平均延误、平均停车次数、平均能耗，如表4-8、图4-23和图4-24所示。

表4-8　不同条件下模型的优化效果对比

CAV 渗透率 /%	流量 /（辆/（h·车道））	停车次数降低率 /%	延误降低率 /%	能耗降低率 /%
5	100	93.03	22.40	10.95
	400	89.27	1.20	5.61
20	100	93.26	23.95	11.01
	400	89.46	5.07	6.18
40	100	91.91	24.15	11.89
	400	89.08	7.34	6.71
60	100	92.81	30.31	12.07
	400	92.53	18.65	10.09
80	100	93.26	37.08	12.50
	400	93.68	25.28	11.96
100	100	93.71	37.75	13.09
	400	93.10	28.11	12.88

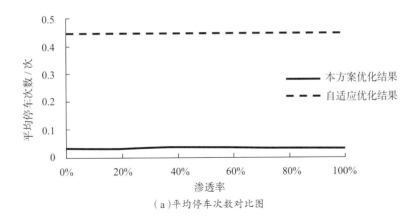

（a）平均停车次数对比图

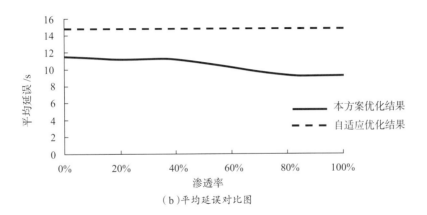

（b）平均延误对比图

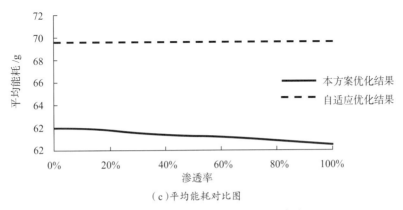

（c）平均能耗对比图

图4-23 进口道流量100辆／（h·车道）仿真结果

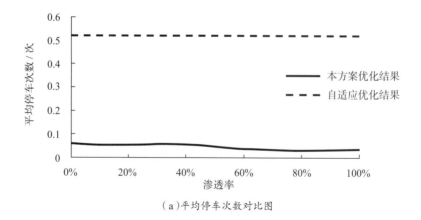

（a）平均停车次数对比图

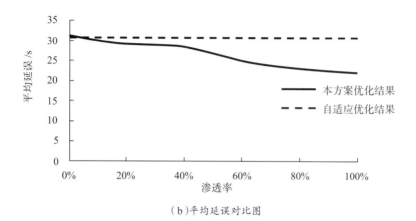

（b）平均延误对比图

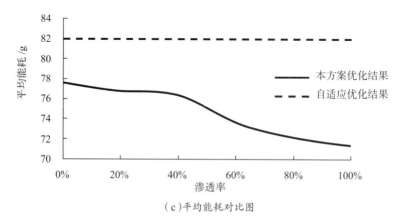

（c）平均能耗对比图

图4-24　进口道流量400辆/（h·车道）仿真结果

由以上仿真结果可以看出，本模型的平均停车次数接近0，在不同自动驾驶车辆渗透率和不同流量下，本模型平均停车次数降低90%左右；对于平均延误，随着CAV渗透率的提高，本模型相比自适应配时方案可降低20%～30%；在能耗方面，随着CAV渗透率的提高，本模型能耗降低显著，可达10%～15%。以上结果表明，本模型在不同CAV渗透率下皆有较好的优化效果。

4.3 高速公路入口匝道协同汇流控制

高速公路入口匝道区域常因汇流行为引起瓶颈路段，也是造成主线道路交通拥堵的主要原因之一。现有的匝道汇流控制方法主要是通过信号灯控制，根据道路线圈检测器获取的交通流数据来计算匝道车辆的汇入数量。此外，由于视野受限、匝道车辆与主线车辆的不协调行为，司机可能会不必要地加速或减速，导致额外的能源消耗和污染物排放。

在网联自动驾驶环境下，车辆可以通过V2V和V2I技术实时交换信息，使匝道车辆能够与主线车辆协作。除了通信设备外，自动驾驶车辆能够进行精确的轨迹规划控制，进一步促进合作。在此基础上，我们提出了一种高速公路入口匝道的协同汇流控制策略，包括车辆之间的汇流顺序和相应的轨迹控制。车辆机动性直接影响交通效率和能源排放，因此这种方法在改善交通运行和交通环境方面具有很大的潜力。

4.3.1　模型方法

汇流点被定义在汇合区的末端，即主线和入口匝道的交汇处。如图4-25所示，汇流点上游300 m范围内定义了一个协作汇流区域，包括匝道和主线的最右侧车道。协作汇流区域内的所有车辆都是联网的自主车辆，配备有车载单元（on board unit，OBU），与路侧单元（road side unit，RSU）进行通信和相互连接。因此，中央控制器可以获得受控车辆的交通状态信息，并返回相应的输入信号来控制车辆。

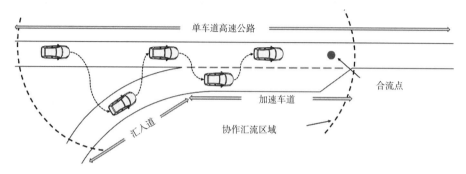

图4-25　高速公路入口匝道汇流场景

本研究假设所有主线车辆在进入协作汇流区域后不会改变车道，因此匝道和主线最右侧车道的所有车辆都参与了合流程序。如图4-26所示，合作合流区的车辆将自动模式切换为统一的集中控制模式，并将自己的交通状态信息发送给中央控制器。中央控制器收集信息并使用混合整数规划模型（mixed integer linear programming，MILP）和能源消耗模型优化合并顺序（merge sort，MS）和控制输入。这个问题不考虑匝道车辆的后期变道机动，但所有车辆都根据最佳控制输入调整其纵向轨迹。按照优化的轨迹，车辆可以在没有任何交通冲突的情况下依次安全地通过合并点。

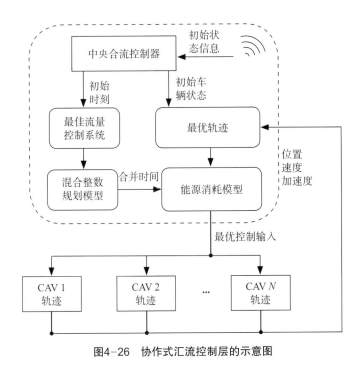

图4-26　协作式汇流控制层的示意图

假设在时间 t，协作合流控制区的车辆数量为 $N(t)$。中央控制器按照车辆进入的顺序为其分配一个唯一标识 i。每辆车的驾驶状态仅指纵向模型，用三阶运动方程进行描述：

$$\dot{x}(t)=\begin{bmatrix}\dot{p}(t)\\\dot{v}(t)\\\dot{a}(t)\end{bmatrix}=\begin{bmatrix}v_i(t)\\a_i(t)\\u_i(t)\end{bmatrix} \tag{4.35}$$

其中，$p_i(t)$、$v_i(t)$ 和 $a_i(t)$ 分别为车辆 i 在时刻 t 的位置、速度和加速度状态；$u_i(t)$ 为车辆 i 在时刻 t 的控制输入。

4.3.1.1　优化模型

在本研究中，具体将主线和匝道车辆的协同汇流定义为一个最优控制问题，最优准则反映了乘车人的舒适度、车辆加减速和能耗等多重指标。车辆轨迹中的燃料最小化可以通过加速度的平方随时间变化的最小化来实现，并且具有出色的精度[153]。此外，表示车辆突然运动的控制输入（加速度变化率）可以作为乘客乘坐舒适度的一个重要指标。因此，为了最小化车辆从汇流初始状态 $x_i(t_i^0)$ 到结束状态 $x_i(t_i^f)$ 过程中的能量消耗和车辆颠簸，构建如下模型：

$$\min_{a(t)} J^e = \int_{t_i^0}^{t_i^f} \omega_1 a_i(t)^2 + \omega_2 u_i(t)^2 \mathrm{d}t \tag{4.36}$$

$$\begin{aligned} v_{\min} &\leqslant v_i(t) \leqslant v_{\max} \\ a_{\min} &\leqslant a_i(t) \leqslant a_{\max} \\ u_{\min} &\leqslant u_i(t) \leqslant u_{\max}, t \in \left[t_i^0, t_i^f\right] \end{aligned} \tag{4.37}$$

其中，t_i^0 为车辆 i 进入控制区域的时刻；t_i^f 为车辆 i 到达汇流点的时刻；ω_1 和 ω_2 为权重系数；$v_{\min}$ 和 $v_{\max}$ 为速度约束限制；$a_{\min}$ 和 $a_{\max}$ 为加速度约束限制；$u_{\min}$ 和 $u_{\max}$ 为控制输入限制。

一旦车辆进入控制区，除了最优轨迹外，中央控制器还需要建立最优的合流顺序。通常，建立合并顺序的标准是先进先出（first in first out，FIFO），也就是说，较早进入控制区的车辆比后来进入的车辆优先通过合并点。到达汇流点的时刻 t_i^f 是可变的，它可以是一系列不同的值，在本研究提出的策略中，将其作为一个变量使用。为了提高汇流效率和安全性，减少交叉汇流，我们将汇流顺序优化目标设定为最小化汇流时间：

$$\min \sum_{i=1}^{n} t_i^f - t_i^0 \tag{4.38}$$

$$t_i^f \geqslant \max\{t_{i-1}^f + h_d, t_i^{\min}\}$$

$$t_i^{\min} = t_i^0 + \min\left(\frac{v_{\max} - v_i^0}{a_{\max}}, \frac{\sqrt{(v_i^0)^2 + 2a_{\max}L} - v_i^0}{a_{\max}}\right) \tag{4.39}$$

其中，h_d 为车辆 i 和前车 $i-1$ 的车头时距；L 为控制区域长度。值得注意的是，$i \in N(t) = \{1, \cdots, n\}$ 为车辆在 FIFO 顺序下的标识，我们将其分为两个不同的子集：$S_i(t)$ 为与车辆 i 在相同车道上的所有车辆；$Z_i(t)$ 为与车辆 i 在不同车道上的所有车辆，下文在这两种情况下分别讨论约束条件。

情况 1：如图 4–27 所示，车辆 i 进入控制区域时与前车 $i-1$ 保持在同一车道上。这意味着两辆车都在主路上或都在匝道上，由于不能超车，所以只能前车 $i-1$ 优先通过。为保证同一车道上的两辆相邻车辆能安全通过汇流点，必须满足前车与后车的时间间隔不小于 h_1，该约束条件可表示为

$$t_i^{\mathrm{f}} - t_{i-1}^{\mathrm{f}} \geqslant h_1, \ \forall i \in S_{i-1}(t) \tag{4.40}$$

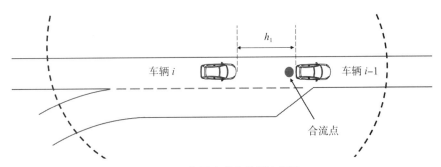

图4-27　相同车道上的汇流场景

情况 2：如图 4–28 所示，车辆 i 进入控制区域时与前车 $i-1$ 在不同车道上，即一辆车在主路上，而另一辆车在匝道上。这种情况下，车辆 i 可以超越前车 $i-1$ 优先通过汇流点（merging point），因此 t_i^{f} 可以小于 t_{i-1}^{f}。同时不仅需要避免纵向的交通冲突，还需要避免由于车辆从匝道转到主干道而发生的横向碰撞。因此，不同车道上的两辆相邻车辆在通过汇流点时需要满足的最小时间间隔 h_2 理应大于 h_1，该约束条件可以表示为

$$|t_i^{\mathrm{f}} - t_{i-1}^{\mathrm{f}}| \geqslant h_2, \ \forall i \in Z_{i-1}(t) \tag{4.41}$$

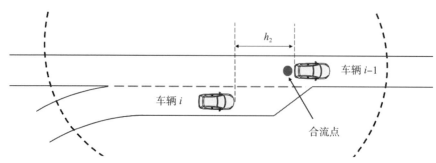

图4-28 不同车道上的汇流场景

4.3.1.2 求解分析

在本研究中我们将最优顺序问题转化为车辆通过汇流点的先后顺序，即将车辆在汇流点的到达时刻作为优化变量。根据4.3.1.1节的问题描述，我们将其转化为一个混合整数线性规划模型，并使用MATLAB中的求解器进行求解。此外，为了提高求解速度，我们将优化时间窗设置为 $T = 10\,\mathrm{s}$。对于优化时间窗内的车辆，即 $(k-1)T + 1 \leqslant t \leqslant kT$，具体模型如下：

$$\min \sum_{i=n}^{N(kT)} t_i^{\mathrm{f}} - t_i^0 \qquad (4.42)$$

$$t_i^{\mathrm{f}} - t_{i-1}^{\mathrm{f}} \geqslant h_1, \forall i \in S_{i-1}(t)$$

$$B_i \times M + t_i^{\mathrm{f}} - t_{i-1}^{\mathrm{f}} \geqslant h_2, \forall i \in Z_{i-1}(t)$$

$$(1-B_i) \times M + t_i^{\mathrm{f}} - t_{i-1}^{\mathrm{f}} \geqslant h_2, \forall i \in Z_{i-1}(t) \qquad (4.43)$$

$$t_i^{\mathrm{f}} \geqslant \max\{t_i^{\mathrm{f}} + h_{\mathrm{d}}, t_i^{\min}\}, \forall i \in [n, N(kT)]$$

其中，n 为第 k 个时间窗内的第一辆车；M 为极大值；B_i 为0~1变量，B_i 等于1时表示主线车辆优先通过，B_i 等于0时表示匝道车辆优先通过。

结合目标函数（4.36）和状态方程（4.35），根据Pontryagin的最小原则可以快速求解最优轨迹。对于合作区域内的每个受控车辆，最

优控制问题的哈密顿函数为

$$H_i[x_i(t), u_i(t), t] = L[x_i(t), u_i(t), t] + \lambda_i^{\mathrm{T}} f[x_i(t), u_i(t), t] \qquad (4.44)$$

状态空间方程(4.35)和成本函数(4.36)代入方程(4.44),我们得到:

$$H_i = \lambda_i^1 v_i + \lambda_i^2 a_i + \lambda_i^3 u_i + \frac{1}{2}\omega_1 a_i^2 + \frac{1}{2}\omega_2 u_i^2 \qquad (4.45)$$

其中,λ_1^i、λ_2^i 和 λ_3^i 为协态变量;v_i、a_i 和 u_i 分别为车辆的速度、加速度和控制输入。

根据 Pontryagin 最小值原理,在适当选择的拉格朗日乘子下,以下方程成立。

控制方程:

$$\frac{\partial H_i}{\partial u_i} = \lambda_3^i + \omega_2 u_i^* = 0 \qquad (4.46)$$

协态方程:

$$\dot{\lambda}_1^i = -\frac{\partial H_i}{\partial p_i} = 0 \qquad (4.47)$$

$$\dot{\lambda}_2^i = -\frac{\partial H_i}{\partial v_i} = -\lambda_1^i \qquad (4.48)$$

$$\dot{\lambda}_3^i = -\frac{\partial H_i}{\partial a_i} = -\omega_1 a_i^* - \lambda_2^i \qquad (4.49)$$

从求解方程(4.47)得到 $\lambda_1^i = c_1$,然后代入方程(4.48)和方程(4.49)得 $\dot{\lambda}_3^i = -\omega_1 a_i^* + c_1 t - c_2$。结合方程(4.46),得到:

$$\omega_2 u_i^* - \omega_2 a_i^* + c_1 t - c_2 = 0 \qquad (4.50)$$

结合状态空间方程解出方程（4.50）之后，可以立即得到最佳控制输入，即

$$u_i^*(t) = c_3 \sqrt{\frac{\omega_1}{\omega_2}} e^{\sqrt{\frac{\omega_1}{\omega_2}}t} - c_4 e^{-\sqrt{\frac{\omega_1}{\omega_2}}t} + c_4 \frac{c_1}{\omega_1} \qquad (4.51)$$

最终，状态变量的最佳轨迹如下：

$$p_i^*(t) = c_3 \frac{\omega_2}{\omega_1} e^{\sqrt{\frac{\omega_1}{\omega_2}}t} + c_4 \frac{\omega_2}{\omega_1} e^{-\sqrt{\frac{\omega_1}{\omega_2}}t} + \frac{c_1}{6\omega_1} t^3 - \frac{c_2}{2\omega_1} t^2 + c_5 t + c_6 \qquad (4.52)$$

$$v_i^*(t) = c_3 \sqrt{\frac{\omega_2}{\omega_1}} e^{\sqrt{\frac{\omega_1}{\omega_2}}t} + c_4 \sqrt{\frac{\omega_2}{\omega_1}} e^{-\sqrt{\frac{\omega_1}{\omega_2}}t} + \frac{c_1}{2\omega_1} t^2 + \frac{c_2}{\omega_1} t + c_5 \qquad (4.53)$$

$$a_i^*(t) = c_3 e^{\sqrt{\frac{\omega_1}{\omega_2}}t} + c_4 e^{-\sqrt{\frac{\omega_1}{\omega_2}}t} + \frac{c_1}{\omega_1} t - \frac{c_2}{\omega_1} \qquad (4.54)$$

为了解决由六个积分常数组成的向量 $C = \{c_1, c_2, \cdots, c_6\}$，使用了车辆的初始状态 $x_i(t_i^0)$、结束状态 $x_i(t_i^f)$、初始时刻 t_i^0 和结束时刻 t_i^f。为了在线计算车辆的最优轨迹，在每个采样时刻，通过 V2X 通信获得的车辆状态将被用作初始状态以更新常数。然后，将车辆的初始状态值和汇流点的状态值代入式（4.52）～式（4.54），求解线性方程组，得到系数解。

4.3.2　主要结果

4.3.2.1　模型验证

为了验证协作式汇流方法在实际交通场景中的有效性，本书利用 NGSIM 数据进行模拟。汇流点设置在主线 6 号车道和匝道末端的交界处。以汇流点为圆心，半径为 300 m 的路段被设定为协作汇流控制区。在 MATLAB 仿真中，车辆被设定为随机进入主路或匝道，初始状态

与 NGSIM 轨迹数据保持一致。网联自动驾驶车辆在进入协作汇流区域后将由中央控制器统一控制，控制时间范围为 15 min，控制时间步长为 0.1 s，加权系数取为 $\omega_1=1$，$\omega_2=1$，仿真中其余参数设置为 $v_f=18$，$a_f=0$，$h_1=1.5$，$h_2=2$。

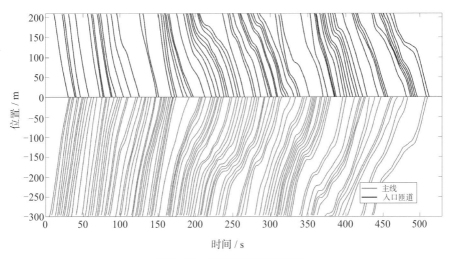

图4-29　无控制下的时空轨迹

　　如图4-29所示，在汇流点附近，匝道车辆上的人类驾驶员很难找到合适的交通间隙插入。同样，由于礼貌或保守的驾驶风格等原因，主线车辆的人类驾驶员会减速让路，这将导致延误。特别是当交通量很大时，这种冲击波会向下游传递，从而造成交通拥堵现象。图4-30显示了根据先进先出原则进行协作合流的轨迹，但没有对合流顺序进行优化。可以发现，在中央控制员的协调下，所有车辆都是按顺序通过汇流点，相比之下，匝道车辆排队和主线交通流拥堵现象不再发生。而本书提出的模型进一步优化了车辆的汇流顺序，如图4-31所示。例如图4-30和图4-31虚线框内的区域，当图4-30中汇流顺序未被优化时，来自不同汇流方向的车辆将分别按照先进先出的策略穿过合并点。而图4-31中的时序优化可以使以冲突方向通过合流点的车辆数量最小化，同时增加同一车道的车辆通过合流点形成的车辆组数量，从而减少交通冲突，提高合流效率。

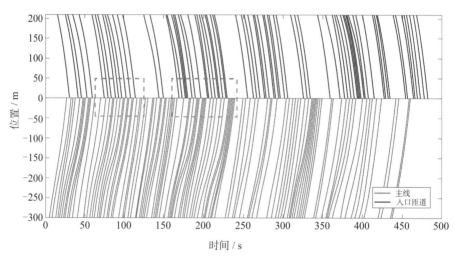

图4-30　FIFO顺序协同汇流下的时空轨迹

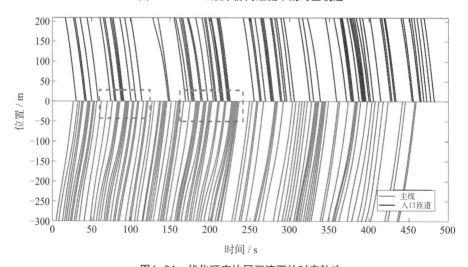

图4-31　优化顺序协同汇流下的时空轨迹

　　如图4-32(a)所示，由于匝道上的车辆突然汇流，主线车辆必须减速，甚至出现零速度。加速和减速过程如图4-33(a)所示，主线车辆和匝道车辆都在频繁地急剧加速或减速，峰值接近4 m/s²。前车的频繁急刹车行为会直接影响到后车的驾驶决策，这将大大降低乘客的舒适度。同时，加速度的变化率急剧上升，这不仅会消耗太多的能量，而且还很容易造成追尾事故。图4-32(b)和图4-33(b)分别显示了合作式并线方法下的速度和加速度曲线。与原始轨迹数据相比，该方法下的速度和加速度曲线更加平滑。不难看出，来自主线和匝道的车辆最终会聚成一个均匀的速度流，当车辆到达汇流点时，其加速度为零。

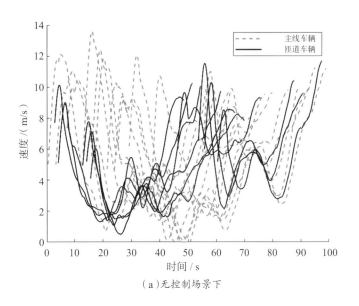

（a）无控制场景下

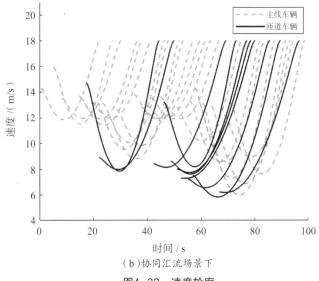

（b）协同汇流场景下

图4-32　速度轮廓

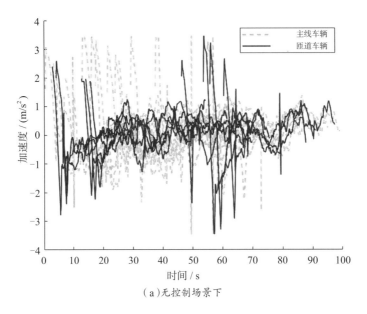

（a）无控制场景下

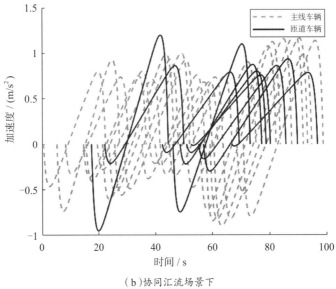

（b）协同汇流场景下

图4-33　加速度轮廓

4.3.2.2　交通流仿真

在本节中，我们使用 VISSIM 仿真软件设计了三种交通需求（低、中、高）。主干道的交通量分别为800辆／h、1 000辆／h和1 200辆／h，匝道为300辆／h、500辆／h和700辆／h。设计了三种场景：无控制（no control，NC），先进先出顺序下的协同汇流（first-in-first-out-cooperative control，FIFO-C），本任务提出的优化顺序下的协同汇流（optimal merging sequence-cooperative control，OMS-C），用于比较的有效性措施是能源消耗、平均速度和旅行时间。

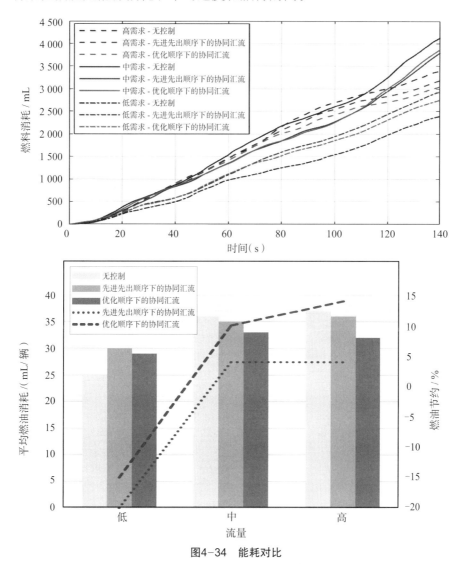

图4-34　能耗对比

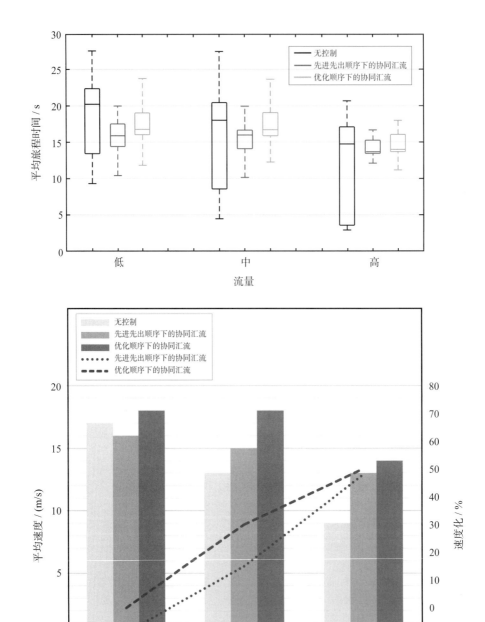

图4-35　速度对比

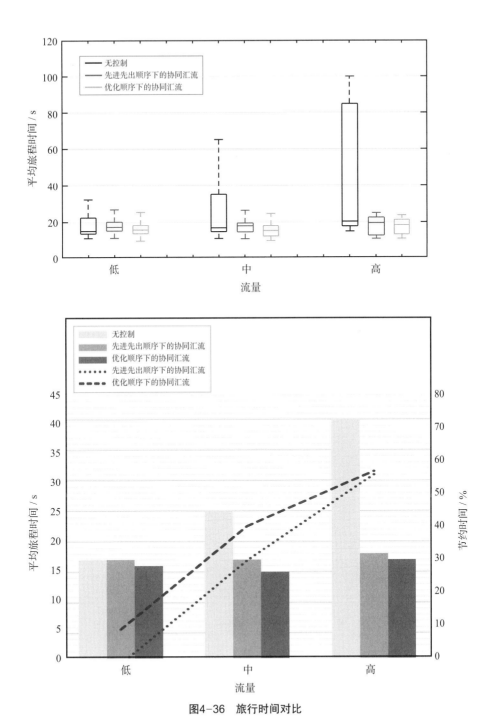

图4-36 旅行时间对比

研究结果表明，与不受控制的自然汇流（NC）相比，所提出的策略（OMS-C）在能源经济和交通效率方面有明显改善。在中等和高交通流量条件下，能源消耗可以节省4%～15%，速度可以提高15%～50%，旅行时间可以减少30%～60%，同时，车辆轨迹也得到了优化，通过平滑速度和加速度曲线，提高了乘坐的舒适性。此外，与先进先出顺序下的协同汇流（FIFO-C）相比，所提出的策略在节能、速度和行驶时间方面表现得更好。其中，OMS-C比起FIFO-C的最大改进是节省了17.8%的能耗，提高了11%的速度，并减少了11%的行驶时间。此外，该方法减少了浪费的车头时距，增加了道路的吞吐量。它还增加了在同一方向通过汇流点的车辆数量，减少交叉汇流，有助于提高交通安全。

5

结 论

　　本研究重点解决面向车联网和自动驾驶环境下有关系统层级的交通建模、监视和控制的若干关键技术问题，形成从全局角度提升道路交通系统运行效率、缓解交通拥堵的 CAV 交通建模、监视和控制理论体系，主要成果包括：

　　（1）协同自适应巡航控制环境下的高阶宏观交通流模型；

　　（2）基于固定和移动混合交通检测数据的交通状态估计算法；

　　（3）基于协同自适应巡航控制的交通瓶颈通行效率优化算法；

　　（4）自动驾驶环境下基于虚拟信号的交叉口控制；

　　（5）高速公路入口匝道协同汇流控制模型和策略。

　　当前绝大多数车联网和自动驾驶技术着眼于个体车辆层次，尚无暇考虑对交通系统整体性能的影响。必须指出，简单利用车联网和自动驾驶系统替换当前的人工驾驶系统未必能立竿见影地解决道路交通拥堵问题，甚至可能产生负面效果。在车联网和自动驾驶时代，尽管车辆层次的智能水平大大增加了，但整个交通系统层面的管控依然必不可少，而且必须与时俱进，只有充分发挥车联网和自动驾驶带来的技术优势和信息潜力，才能使道路交通管制在深度和广度上产生革命性飞跃，极大地提升道路交通效率。基于上述认识，本项目提出车联网和自动驾驶条件下的交通建模、监视和控制研究框架体系，并以此为纽带筹划本项目的研究工作。

　　协同自适应巡航控制（CACC）主导的自动车队编队运行将是网联

自动驾驶的主要模式之一。和人工驾驶交通流相比，CACC 交通流将呈现一些迥然不同的宏观特性。CACC 宏观交通流建模对车联网和自动驾驶条件下的交通流理论、交通监视和控制研究意义重大，迄今还很少有人研究。我们建立了协同自适应巡航控制环境下的高阶宏观交通流模型，体现了研究方法上的创新性，从气体动力学模型出发，构造反映 CACC 特性的扩展交通流模型，使用高阶 WENO 和非线性波前展开等方法研究模型的稳定性质。

交通状态估计是智能交通监视与控制的重要一环。由于有限交通检测数据无法满足全程实时交通监控的需要，必须通过交通状态估计来弥补检测信息的不足。在车辆网和自动驾驶条件下，每个网联自动车都是一个移动检测器。当未来网联自动车占比超过60%时，几乎全部交通状态信息都可以直接检测（由网联自动车提供）。从当前状态到上述理想状态将经历较长的过渡期，在此期间，传统的固定检测器数据和占比逐渐上升的移动检测数据将混合使用，因此研发能够同时使用固定和移动两种检测数据的交通状态估计方法已成为交通监控的当务之急。通过分析固定和移动交通检测数据迥然不同的物理时空本质和信息蕴含，本任务提出了一个创新性方法，可以将移动检测信息"移植"并"集成"到既有的面向固定检测数据的交通流建模和状态估计研究的框架之中。我们提出了三种基于卡尔曼滤波器（KF）的交通状态估计方法，模拟结果显示，当网联车占比大于20%时，估计精度可达到87%以上。

传统交通控制以交通信号灯作为控制和优化指令的唯一执行器。在车联网和自动驾驶环境下，网联自动车能够相互通信，直接接收交通控制信号和指令，因此也能扮演控制和优化指令执行器的角色。这使得许多过去难以想象的交通控制任务成为可能。在此着重研究如何以网联智能车和传统信号灯共同作为执行器实现更先进的交通控制与优化，也关注网联自动车和人驾驶车辆混行条件下的交通系统协同控制与联合优化。我们首次提出了利用协同自适应巡航控制避免瓶颈拥堵并优化瓶颈通行效率的有效策略，以及一种基于最小能耗准则的自动驾驶汽车最优行驶策略。我们还构建了一种基于混合整数规划模型（MILP）的高速公路入口匝道协同汇流控制方法，使平均旅行时间在较高流量下减少20％～50％。这些研究成果提升了我国在本领域的自主创新能力，并为后续针对各类交通基础设施，如跨海大桥等开发基于网联自动驾驶环境的交通控制新系统提供了理论和技术基础。

通过项目实施，我们在人才引进和培养、国际合作平台建设等方面取得了显著的成绩。引进了高端海外人才3名，其中1人入选中国工程院外籍院士；建立了"111"跨海大桥安全保障和智能运行学科创新引智基地，拓展了合作对象，将合作对象拓展到了整个欧洲，研究领域进一步聚焦到了最具特色的高价值交通基础设施——跨海大桥，为中欧科学家交流提供了平台，成功地实现了技术创新与行业应用的紧密结合，提升了国际视野和国际影响力。在人才培养方面，通过积极开展各种线上活动，为团队成员和优秀人才提供了充分的学术交流机会，承办国际学术会议两个，参加国际学术会议18人次，共同培养了5名研究生。

参考文献

[1] 李克强. 智能网联汽车现状及发展战略建议 [J]. 经营者(汽车商业评论), 2016 (02)：170-175+15.

[2] Desjardins C，Chaib-Draa B. Cooperative adaptive cruise control : A reinforcement learning approach[J]. IEEE Transactions on intelligent transportation systems，2011，12（4）：1248-1260.

[3] Milanés V，Shladover S E，Spring J，et al. Cooperative adaptive cruise control in real traffic situations[J]. IEEE Transactions on intelligent transportation systems，2013，15（1）：296-305.

[4] Amoozadeh M，Deng H，Chuah C-N，et al. Platoon management with cooperative adaptive cruise control enabled by VANET[J]. Vehicular communications，2015，2（2）：110-123.

[5] Jin I G，Orosz G. Dynamics of connected vehicle systems with delayed acceleration feedback[J]. Transportation Research Part C : Emerging Technologies，2014，46：46-64.

[6] Xiao L，Wang M，Schakel W，et al. Unravelling effects of cooperative adaptive cruise control deactivation on traffic flow characteristics at merging bottlenecks[J]. Transportation research

part C : emerging technologies, 2018, 96 : 380-397.

[7] Liu H, Kan X D, Shladover S E, et al. Modeling impacts of cooperative adaptive cruise control on mixed traffic flow in multi-lane freeway facilities[J]. Transportation Research Part C : Emerging Technologies, 2018, 95 : 261-279.

[8] Wang Z, Wu G, Barth M J. A review on cooperative adaptive cruise control (CACC) systems : Architectures, controls, and applications[C]. 2018 21st International Conference on Intelligent Transportation Systems (ITSC), 2018 : 2884-2891.

[9] VARAIYA P, SHLADOVER S E. Sketch of an IVHS systems architecture[C]1991Vehicle Navigation and Information Systems Conference, 1991: 909-922.

[10] Alvarez L, Horowitz R. Safe platooning in automated highway systems part I : Safety regions design[J]. Vehicle System Dynamics, 1999, 32 (1) : 23-55.

[11] Yamabe S , Zheng R , Nakano K , et al.3312 A Study on Construction of Driving Simulator for Truck's Automatic Platooning[J].The Proceedings of the Transportation and Logistics Conference, 2012:273-276.DOI:10.1299/jsmetld.2012.21.273.

[12] Vander Werf J, Shladover S E, Miller M A, et al. Effects of adaptive cruise control systems on highway traffic flow capacity[J]. Transportation Research Record, 2002, 1800 (1) : 78-84.

[13] Zohdy I H, Rakha H A. Intersection management via vehicle connectivity : The intersection cooperative adaptive cruise control system concept[J]. Journal of Intelligent Transportation Systems,

2016, 20（1）: 17-32.

[14] Van Arem B, Van Driel C J, Visser R. The impact of cooperative adaptive cruise control on traffic-flow characteristics[J]. IEEE Transactions on intelligent transportation systems, 2006, 7（4）: 429-436.

[15] LEE J, PARK B. Development and Evaluation of a Cooperative Vehicle Intersection Control Algorithm Under the Connected Vehicles Environment[J]. IEEE Transactions on Intelligent Transportation Systems, 2012, 13(1): 81-90.

[16] 秦严严, 王昊, 王炜, 等. 混有协同自适应巡航控制车辆的异质交通流稳定性解析与基本图模型 [J]. 物理学报, 2017, 66（09）: 257-265.

[17] 秦严严, 胡兴华, 何兆益, 等. CACC 车头时距与混合交通流稳定性的解析关系 [J]. 交通运输系统工程与信息, 2019, 19（06）: 61-67.

[18] 陈俊杰, 上官伟, 蔡伯根, 等. 交通流特征深度认知的车队运行参数优化方法 [J]. 中国公路学报, 2020, 33（11）: 264-274.

[19] Shladover S E, Su D, Lu X-Y. Impacts of cooperative adaptive cruise control on freeway traffic flow[J]. Transportation Research Record, 2012, 2324（1）: 63-70.

[20] Arnaout G M, Arnaout J-P. Exploring the effects of cooperative adaptive cruise control on highway traffic flow using microscopic traffic simulation[J]. Transportation Planning and Technology, 2014, 37（2）: 186-199.

[21] 董长印, 王昊, 王炜, 等. 混入智能车的下匝道瓶颈路段交通流建模与仿真分析 [J]. 物理学报, 2018, 67（14）: 179-193.

[22] Zhong Z, Lee J. The effectiveness of managed lane strategies

for the near-term deployment of cooperative adaptive cruise control[J]. Transportation Research Part A : Policy and Practice, 2019, 129 : 257-270.

[23] Guo Y, Ma J, Leslie E, et al. Evaluating the effectiveness of integrated connected automated vehicle applications applied to freeway managed lanes[J]. IEEE Transactions on Intelligent Transportation Systems, 2020，23（1）: 522-536.

[24] Milanés V, Shladover S E. Modeling cooperative and autonomous adaptive cruise control dynamic responses using experimental data[J]. Transportation Research Part C : Emerging Technologies, 2014, 48 : 285-300.

[25] 秦严严，王昊，冉斌. CACC 车辆跟驰建模及混合交通流分析 [J]. 交通运输系统工程与信息，2018, 18（02）: 60-65.

[26] Naranjo J E, González C, García R, et al. ACC+ Stop&go maneuvers with throttle and brake fuzzy control[J]. IEEE Transactions on intelligent transportation systems, 2006, 7（2）: 213-225.

[27] Naus G, Ploeg J, Van De Molengraft M, et al. Design and implementation of parameterized adaptive cruise control : An explicit model predictive control approach[J]. Control Engineering Practice, 2010, 18（8）: 882-892.

[28] Kianfar R, Augusto B, Ebadighajari A, et al. Design and experimental validation of a cooperative driving system in the grand cooperative driving challenge[J]. IEEE transactions on intelligent transportation systems, 2012, 13（3）: 994-1007.

[29] Naus G J, Vugts R P, Ploeg J, et al. String-stable CACC design

and experimental validation : A frequency-domain approach[J]. IEEE Transactions on vehicular technology, 2010, 59（9）: 4268-4279.

[30] Yuan Y, Van Lint J, Wilson R E, et al. Real-time Lagrangian traffic state estimator for freeways[J]. IEEE Transactions on Intelligent Transportation Systems2012, 13（1）: 59-70.

[31] Yuan Y, Van Lint H, Van Wageningen-Kessels F, et al. Network-wide traffic state estimation using loop detector and floating car data[J]. Journal of Intelligent Transportation Systems, 2014, 18（1）: 41-50.

[32] Wang R, Work D B, Sowers R. Multiple model particle filter for traffic estimation and incident detection[J]. IEEE Transactions on Intelligent Transportation Systems, 2016, 17（12）: 3461-3470.

[33] Wang R, Work D B. Interactive multiple model ensemble Kalman filter for traffic estimation and incident detection[C]. 17th International IEEE Conference on Intelligent Transportation Systems（ITSC）, 2014 : 804-809.

[34] Wang R, Fan S, Work D B. Efficient multiple model particle filtering for joint traffic state estimation and incident detection[J]. Transportation Research Part C : Emerging Technologies, 2016, 71 : 521-537.

[35] Seo T, Kusakabe T, Asakura Y. Traffic state estimation with the advanced probe vehicles using data assimilation[C]. 2015 IEEE 18th International Conference on Intelligent Transportation Systems, 2015 : 824-830.

[36] Herrera J C, Bayen A M. Incorporation of Lagrangian measurements in freeway traffic state estimation[J]. Transportation

Research Part B : Methodological, 2010, 44（4）: 460-481.

[37] Chen R, Levin M W. Traffic state estimation based on kalman filter technique using connected vehicle v2v basic safety messages[C]. 2019 IEEE Intelligent Transportation Systems Conference（ITSC）, 2019 : 4380-4385.

[38] Patire A D, Wright M, Prodhomme B, et al. How much GPS data do we need?[J]. Transportation Research Part C : Emerging Technologies, 2015, 58 : 325-342.

[39] Work D B, Blandin S, Tossavainen O-P, et al. A traffic model for velocity data assimilation[J]. Applied Mathematics Research eXpress, 2010, 2010（1）: 1-35.

[40] Work D B, Tossavainen O-P, Blandin S, et al. An ensemble Kalman filtering approach to highway traffic estimation using GPS enabled mobile devices[C]. 2008 47th IEEE Conference on Decision and Control, 2008 : 5062-5068.

[41] Bucknell C, Herrera J C. A trade-off analysis between penetration rate and sampling frequency of mobile sensors in traffic state estimation[J]. Transportation Research Part C : Emerging Technologies, 2014, 46 : 132-150.

[42] Xia C, Cochrane C, Deguire J, et al. Assimilating Eulerian and Lagrangian data in traffic-flow models[J]. Physica D : Nonlinear Phenomena, 2017, 346 : 59-72.

[43] Wright M, Horowitz R. Fusing loop and GPS probe measurements to estimate freeway density[J]. IEEE Transactions on Intelligent Transportation Systems, 2016, 17（12）: 3577-3590.

[44] Seo T, Bayen A M, Kusakabe T, et al. Traffic state estimation on highway : A comprehensive survey[J]. Annual reviews in control,

2017, 43：128-151.

[45] Seo T, Kawasaki Y, Kusakabe T, et al. Fundamental diagram estimation by using trajectories of probe vehicles[J]. Transportation Research Part B：Methodological, 2019, 122：40-56.

[46] Nanthawichit C, Nakatsuji T, Suzuki H. Application of probe-vehicle data for real-time traffic-state estimation and short-term travel-time prediction on a freeway[J]. Transportation research record, 2003, 1855（1）：49-59.

[47] Liu Y, He S, Ran B, et al. A progressive extended Kalman filter method for freeway traffic state estimation integrating multisource data[J]. Wireless Communications Mobile Computing, 2018, 2018.

[48] Wang C, Ran B, Yang H, et al. A novel approach to estimate freeway traffic state：Parallel computing and improved kalman filter[J]. IEEE Intelligent Transportation Systems Magazine, 2018, 10（2）：180-193.

[49] Agalliadis I, Makridis M, Kouvelas A. Traffic estimation by fusing static and moving observations in highway networks[C]. 20th Swiss Transport Research Conference（STRC 2020）（virtual）, 2020.

[50] Wang R, Li Y, Work D B. Comparing traffic state estimators for mixed human and automated traffic flows[J]. Transportation Research Part C：Emerging Technologies, 2017, 78：95-110.

[51] Wilkie D, Sewall J, Lin M. Flow reconstruction for data-driven traffic animation[J]. ACM Transactions on Graphics, 2013, 32（4）：1-10.

[52] Seo T, Bayen A M. Traffic state estimation method with efficient data fusion based on the Aw-Rascle-Zhang model[C]. 2017 IEEE 20th International Conference on Intelligent Transportation Systems（ITSC）, 2017: 1-6.

[53] Blandin S, Argote J, Bayen A M, et al. Phase transition model of non-stationary traffic flow: Definition, properties and solution method[J]. Transportation Research Part B: Methodological, 2013, 52: 31-55.

[54] Fan S, Herty M, Seibold B. Comparative model accuracy of a data-fitted generalized Aw-Rascle-Zhang model[J]. arXiv: arXiv: 1310.8219, 2013, 9（2）: 239-268.

[55] Bekiaris-Liberis N, Roncoli C, Papageorgiou M. Highway traffic state estimation with mixed connected and conventional vehicles[J]. IEEE Transactions on Intelligent Transportation Systems, 2016, 17（12）: 3484-3497.

[56] Fountoulakis M, Bekiaris-Liberis N, Roncoli C, et al. Highway traffic state estimation with mixed connected and conventional vehicles: Microscopic simulation-based testing[J]. Transportation Research Part C: Emerging Technologies, 2017, 78: 13-33.

[57] Papadopoulou S, Roncoli C, Bekiaris-Liberis N, et al. Microscopic simulation-based validation of a per-lane traffic state estimation scheme for highways with connected vehicles[J]. Transportation Research Part C: Emerging Technologies, 2018, 86: 441-452.

[58] Roncoli C, Bekiaris-Liberis N, Papageorgiou M. Use of speed measurements for highway traffic state estimation: case studies on NGSIM data and highway A20, Netherlands[J]. Transportation

Research Record, 2016, 2559（1）: 90-100.

[59] 何赏璐. 基于多源异质数据的高速公路交通状态估计方法研究 [D]. 南京: 东南大学, 2017.

[60] 罗赞文, 吴志坚, 韩曾晋. 扩展 Kalman 滤波法在高速公路交通流模型上的应用 [J]. 自动化学报, 2002（01）: 90-96.

[61] 徐天东, 孙立军, 郝媛. 城市快速路实时交通状态估计和行程时间预测 [J]. 同济大学学报(自然科学版), 2008（10）: 1355-1361.

[62] 李楠, 赵光宙. 基于交通流混合模型的高速公路状态估计 [J]. 浙江大学学报(工学版), 2012, 46（10）: 1846-1850+1879.

[63] 张生, 黄中祥, 况爱武. 信息不完全下城市快速路交通状态实时估计 [J]. 系统工程, 2013, 31（05）: 16-21.

[64] 杨万波. 基于 Kalman 滤波的高速公路交通流实时状态估计方法研究 [D]. 南京: 东南大学, 2015.

[65] 符旭, 欧梦宁, 闫旭普, 等. 基于分布式车辆速度检测信息的城市快速路交通状态估计 [J]. 交通运输工程与信息学报, 2016, 14（04）: 105-112.

[66] 史忠科. 高速公路交通状态的联合估计方法 [J]. 控制与决策, 2003（06）: 747-750.

[67] 史忠科. 高速公路多路段状态联合估计方法 [J]. 电子与信息学报, 2004（11）: 1837-1842.

[68] 王昊, 杨万波. 速度梯度模型的高速公路交通流状态估计方法 [J]. 哈尔滨工业大学学报, 2015, 47（09）: 84-89.

[69] 程松, 陈光梦. 一种利用 UKF 的高速公路实时交通状态估计方法 [J]. 计算机工程与应用, 2008（08）: 226-229+241.

[70] 程松. 一种利用粒子滤波的实时交通状态估计方法 [D]. 复旦大学, 2008.

[71] 程松, 陈光梦. 一种利用粒子滤波的实时交通状态估计方法 [J].

微型电脑应用，2008（02）：13-17+4.

[72] 任淑云．基于粒子滤波算法的交通状态估计研究 [D]．北京：北京交通大学，2010.

[73] 李永行．城市快速路交通状态估计与控制研究 [D]．长春：吉林大学，2015.

[74] 贾洪飞，李永行，杨丽丽．基于交通状态估计的快速路交通联合控制 [J]．吉林大学学报（工学版），2017，47（01）：76-81.

[75] 李志伟．智能网联车辆与普通车辆混合车流交通状态估计方法研究 [D]．南京：东南大学，2017.

[76] Comert G，Cetin M．Analytical evaluation of the error in queue length estimation at traffic signals from probe vehicle data[J]．IEEE Transactions on Intelligent Transportation Systems，2011，12（2）：563-573.

[77] Seo T，Kusakabe T，Asakura Y．Estimation of flow and density using probe vehicles with spacing measurement equipment[J]．Transportation Research Part C：Emerging Technologies，2015，53：134-150.

[78] Seo T，Kusakabe T．Probe vehicle-based traffic state estimation method with spacing information and conservation law[J]．Transportation Research Part C：Emerging Technologies，2015，59：391-403.

[79] Zheng J，Liu H X．Estimating traffic volumes for signalized intersections using connected vehicle data[J]．Transportation Research Part C：Emerging Technologies，2017，79：347-362.

[80] Ramezani M，Geroliminis N．Queue profile estimation in congested urban networks with probe data[J]．Computer-Aided Civil and Infrastructure Engineering，2015，30（6）：414-432.

[81] Ban X J, Hao P, Sun Z. Real time queue length estimation for signalized intersections using travel times from mobile sensors[J]. Transportation Research Part C : Emerging Technologies, 2011, 19（6）: 1133-1156.

[82] Hao P, Ban X J, Guo D, et al. Cycle-by-cycle intersection queue length distribution estimation using sample travel times[J]. Transportation research part B : methodological, 2014, 68 : 185-204.

[83] Hao P, Sun Z, Ban X J, et al. Vehicle index estimation for signalized intersections using sample travel times[J]. Procedia-Social and Behavioral Sciences, 2013, 80 : 473-490.

[84] Tan C, Yao J, Tang K, et al. Cycle-based queue length estimation for signalized intersections using sparse vehicle trajectory data[J]. IEEE Transactions on Intelligent Transportation Systems, 2019, 22（1）: 91-106.

[85] Zhang H, Liu H X, Chen P, et al. Cycle-based end of queue estimation at signalized intersections using low-penetration-rate vehicle trajectories[J]. IEEE Transactions on Intelligent Transportation Systems, 2019, 21（8）: 3257-3272.

[86] Yao J, Li F, Tang K, et al. Sampled trajectory data-driven method of cycle-based volume estimation for signalized intersections by hybridizing shockwave theory and probability distribution[J]. IEEE Transactions on Intelligent Transportation Systems, 2019, 21（6）: 2615-2627.

[87] Wong W, Shen S, Zhao Y, et al. On the estimation of connected vehicle penetration rate based on single-source connected vehicle data[J]. Transportation Research Part B : Methodological, 2019,

126：169-191.

[88] Munoz J C, Daganzo C F. The bottleneck mechanism of a freeway diverge[J]. Transportation Research Part A：Policy and Practice, 2002, 36（6）：483-505.

[89] Cassidy M J, Bertini R L. Some traffic features at freeway bottlenecks[J]. Transportation Research Part B：Methodological, 1999, 33（1）：25-42.

[90] Chen X M, Li Z, Li L, et al. A traffic breakdown model based on queueing theory[J]. Networks and Spatial Economics, 2014, 14（3）：485-504.

[91] Shiomi Y, Yoshii T, Kitamura R. Platoon-based traffic flow model for estimating breakdown probability at single-lane expressway bottlenecks[J]. Procedia-Social and Behavioral Sciences, 2011, 17：591-610.

[92] Rudjanakanoknad J. Capacity change mechanism of a diverge bottleneck[J]. Transportation research record, 2012, 2278（1）：21-30.

[93] Sun J, Ma Z, Chen X. Some observed features of traffic flow phase transition at urban expressway diverge bottlenecks[J]. Transportmetrica B：transport dynamics, 2018, 6（4）：320-331.

[94] Ma J, Li X, Shladover S, et al. Freeway speed harmonization[J]. IEEE Transactions on Intelligent Vehicles, 2016, 1（1）：78-89.

[95] Hegyi A, De Schutter B, Hellendoorn J. Optimal coordination of variable speed limits to suppress shock waves[J]. IEEE Transactions on intelligent transportation systems, 2005, 6（1）：102-112.

[96] Liu H, Zhang L, Sun D, et al. Optimize the settings of variable

speed limit system to improve the performance of freeway traffic[J]. IEEE Transactions on Intelligent Transportation Systems, 2015, 16（6）: 3249-3257.

[97] Carlson R C, Papamichail I, Papageorgiou M, et al. Optimal motorway traffic flow control involving variable speed limits and ramp metering[J]. Transportation science, 2010, 44（2）: 238-253.

[98] Carlson R C, Papamichail I, Papageorgiou M. Local feedback-based mainstream traffic flow control on motorways using variable speed limits[J]. IEEE Transactions on intelligent transportation systems, 2011, 12（4）: 1261-1276.

[99] Iordanidou G-R, Roncoli C, Papamichail I, et al. Feedback-based mainstream traffic flow control for multiple bottlenecks on motorways[J]. IEEE Transactions on Intelligent Transportation Systems, 2014, 16（2）: 610-621.

[100] Zhang Y, Ioannou P A. Combined variable speed limit and lane change control for highway traffic[J]. IEEE Transactions on Intelligent Transportation Systems, 2016, 18（7）: 1812-1823.

[101] Rezaee K, Abdulhai B, Abdelgawad H. Self-learning adaptive ramp metering : Analysis of design parameters on a test case in Toronto, Canada[J]. Transportation research record, 2013, 2396（1）: 10-18.

[102] 段荟, 刘攀, 李志斌, 等. 基于强化学习的汇流瓶颈区可变限速策略研究 [J]. 交通运输系统工程与信息, 2015, 15（01）: 55-61.

[103] Zhu F, Ukkusuri S V. Accounting for dynamic speed limit control in a stochastic traffic environment : A reinforcement

learning approach[J]. Transportation research part C : emerging technologies, 2014, 41 : 30-47.

[104] Li Z, Liu P, Xu C, et al. Reinforcement learning-based variable speed limit control strategy to reduce traffic congestion at freeway recurrent bottlenecks[J]. IEEE transactions on intelligent transportation systems, 2017, 18（11）: 3204-3217.

[105] Han Y, Chen D, Ahn S. Variable speed limit control at fixed freeway bottlenecks using connected vehicles[J]. Transportation Research Part B : Methodological, 2017, 98 : 113-134.

[106] Ramezani H, Benekohal R. Optimized speed harmonization with connected vehicles for work zones[C]. 2015 IEEE 18th International Conference on Intelligent Transportation Systems, 2015 : 1081-1086.

[107] Wang M, Daamen W, Hoogendoorn S P, et al. Connected variable speed limits control and car-following control with vehicle-infrastructure communication to resolve stop-and-go waves[J]. Journal of Intelligent Transportation Systems, 2016, 20（6）: 559-572.

[108] Li Y, Xu C, Xing L, et al. Integrated cooperative adaptive cruise and variable speed limit controls for reducing rear-end collision risks near freeway bottlenecks based on micro-simulations[J]. IEEE transactions on intelligent transportation systems, 2017, 18（11）: 3157-3167.

[109] Ghiasi A, Li X, Ma J. A mixed traffic speed harmonization model with connected autonomous vehicles[J]. Transportation Research Part C : Emerging Technologies, 2019, 104 : 210-233.

[110] Zheng Y, Ran B, Qu X, et al. Cooperative lane changing

strategies to improve traffic operation and safety nearby freeway off-ramps in a connected and automated vehicles environment[J]. IEEE Transactions on Intelligent Transportation Systems, 2019, 21（11）: 4605-4614.

[111] 杨澜, 赵祥模, 吴国垣, 等. 智能网联汽车协同生态驾驶策略综述 [J]. 交通运输工程学报, 2020, 20（05）: 58-72.

[112] 付锐, 张雅丽, 袁伟. 生态驾驶研究现状及展望 [J]. 中国公路学报, 2019, 32（03）: 1-12.

[113] Jeffreys I, Graves G, Roth M. Evaluation of eco-driving training for vehicle fuel use and emission reduction: A case study in Australia[J]. Transportation Research Part D: Transport and Environment, 2018, 60: 85-91.

[114] Huang Y, Ng E C, Zhou J L, et al. Eco-driving technology for sustainable road transport: A review[J]. Renewable and Sustainable Energy Reviews, 2018, 93: 596-609.

[115] Barkenbus J N. Eco-driving: An overlooked climate change initiative[J]. Energy policy, 2010, 38（2）: 762-769.

[116] Dib W, Serrao L, Sciarretta A. Optimal control to minimize trip time and energy consumption in electric vehicles[C]. 2011 IEEE Vehicle Power and Propulsion Conference, 2011: 1-8.

[117] Mensing F, Trigui R, Bideaux E. Vehicle trajectory optimization for application in ECO-driving[C]. 2011 IEEE vehicle power and propulsion conference, 2011: 1-6.

[118] Ozatay E, Ozguner U, Michelini J, et al. Analytical solution to the minimum energy consumption based velocity profile optimization problem with variable road grade[J]. IFAC Proceedings Volumes, 2014, 47（3）: 7541-7546.

[119] Typaldos P, Papamichail I, Papageorgiou M. Minimization of fuel consumption for vehicle trajectories[J]. IEEE transactions on intelligent transportation systems, 2020, 21（4）: 1716-1727.

[120] Ma J, Hu J, Leslie E, et al. An eco-drive experiment on rolling terrains for fuel consumption optimization with connected automated vehicles[J]. Transportation Research Part C: Emerging Technologies, 2019, 100: 125-141.

[121] Jiang H, Hu J, An S, et al. Eco approaching at an isolated signalized intersection under partially connected and automated vehicles environment[J]. Transportation Research Part C: Emerging Technologies, 2017, 79: 290-307.

[122] Hu J, Shao Y, Sun Z, et al. Integrated optimal eco-driving on rolling terrain for hybrid electric vehicle with vehicle-infrastructure communication[J]. Transportation Research Part C: Emerging Technologies, 2016, 68: 228-244.

[123] He X, Liu H X, Liu X. Optimal vehicle speed trajectory on a signalized arterial with consideration of queue[J]. Transportation Research Part C: Emerging Technologies, 2015, 61: 106-120.

[124] Zhao W, Ngoduy D, Shepherd S, et al. A platoon based cooperative eco-driving model for mixed automated and human-driven vehicles at a signalised intersection[J]. Transportation Research Part C: Emerging Technologies, 2018, 95: 802-821.

[125] Li M, Wu X, He X, et al. An eco-driving system for electric vehicles with signal control under V2X environment[J]. Transportation Research Part C: Emerging Technologies, 2018, 93: 335-350.

[126] Yi Z, Bauer P H. Energy aware driving : Optimal electric vehicle speed profiles for sustainability in transportation[J]. IEEE Transactions on Intelligent Transportation Systems, 2018, 20（3）: 1137-1148.

[127] Wu X, He X, Yu G, et al. Energy-optimal speed control for electric vehicles on signalized arterials[J]. IEEE Transactions on Intelligent Transportation Systems, 2015, 16（5）: 2786-2796.

[128] 张智明, 李昆朋, 暨育雄. 基于车路协同的纯电动公交车行驶工况的节能优化 [J]. 同济大学学报(自然科学版), 2017, 45（S1）: 58-62.

[129] Papageorgiou M, Hadj-Salem H, Blosseville J-M. ALINEA : A local feedback control law for on-ramp metering[J]. Transportation research record, 1991, 1320（1）: 58-67.

[130] Papageorgiou M, Kotsialos A. Freeway ramp metering : An overview[J]. IEEE transactions on intelligent transportation systems, 2002, 3（4）: 271-281.

[131] Stephanedes Y J .Implementation of on-line zone control strategies for optimal ramp metering in the Minneapolis Ring Road[C]. International Conference on Road Traffic Monitoring & Control.IET, 1994.DOI : 10.1049/cp : 19940452.

[132] Papamichail I, Papageorgiou M, Vong V, et al. Heuristic ramp-metering coordination strategy implemented at monash freeway, australia[J]. Transportation Research Record, 2010, 2178（1）: 10-20.

[133] Liu H X, Wu X, Michalopoulos P G. Improving queue size estimation for Minnesota's stratified zone metering strategy[J]. Transportation research record, 2007, 2012（1）: 38-46.

[134] Paesani G F. System wide adaptive ramp metering in southern California[C]. ITS America 7th Annual Meeting and Exposition : Merging the Transportation and Communications RevolutionsIntelligent Transportation Society of America (ITS America), 1997.

[135] Lin P, Liu J, Jin P J, et al. Autonomous vehicle-intersection coordination method in a connected vehicle environment[J]. IEEE Intelligent Transportation Systems Magazine, 2017, 9(4): 37-47.

[136] Raravi G, Shingde V, Ramamritham K, et al.Merge algorithms for intelligent vehicles, Next generation design and verification methodologies for distributed embedded control systems : Springer, 2007 : 51-65.

[137] Awal T, Kulik L, Ramamohanrao K. Optimal traffic merging strategy for communication-and sensor-enabled vehicles[C]. 16th International IEEE Conference on Intelligent Transportation Systems (ITSC 2013), 2013 : 1468-1474.

[138] Rios-Torres J, Malikopoulos A A. Automated and cooperative vehicle merging at highway on-ramps[J]. IEEE Transactions on Intelligent Transportation Systems, 2016, 18 (4): 780-789.

[139] Uno A, Sakaguchi T, Tsugawa S. A merging control algorithm based on inter-vehicle communication[C]. Proceedings 199 IEEE/IEEJ/JSAI International Conference on Intelligent Transportation Systems (Cat. No. 99TH8383), 1999 : 783-787.

[140] Lu X−Y, Hedrick J K. Longitudinal control algorithm for automated vehicle merging[J]. International Journal of Control, 2003, 76 (2): 193-202.

[141] Ntousakis I A, Porfyri K, Nikolos I K, et al. Assessing the impact of a cooperative merging system on highway traffic using a microscopic flow simulator[C]. ASME International Mechanical Engineering Congress and Exposition, 2014: V012T15A024.

[142] Dao T-S, Clark C M, Huissoon J P. Distributed platoon assignment and lane selection for traffic flow optimization[C]. 2008 IEEE Intelligent Vehicles Symposium, 2008: 739-744.

[143] Ntousakis I A, Nikolos I K, Papageorgiou M. Optimal vehicle trajectory planning in the context of cooperative merging on highways[J]. Transportation research part C: emerging technologies, 2016, 71: 464-488.

[144] Zhou Y, Cholette M E, Bhaskar A, et al. Optimal vehicle trajectory planning with control constraints and recursive implementation for automated on-ramp merging[J]. IEEE Transactions on Intelligent Transportation Systems, 2018, 20 (9): 3409-3420.

[145] Puterman M L. Markov decision processes: discrete stochastic dynamic programming[M]. John Wiley & Sons, 2014.

[146] Watkins C J C H. Learning from delayed rewards[J]. Robotics & Autonomous Systems, 1989, 15 (4): 233-235.

[147] Sutton R S, Barto A G. Reinforcement learning: An introduction[M]. MIT press, 2018.

[148] Berg P, Mason A, Woods A. Continuum approach to car-following models[J]. Physical Review E, 2000, 61 (2): 1056.

[149] Gong S, Du L. Cooperative platoon control for a mixed traffic flow including human drive vehicles and connected

and autonomous vehicles[J]. Transportation research part B : methodological, 2018, 116 : 25-61.

[150] Li L, Li X. Parsimonious trajectory design of connected automated traffic[J]. Transportation Research Part B : Methodological, 2019, 119 : 1-21.

[151] Stebbins S, Hickman M, Kim J, et al. Characterising green light optimal speed advisory trajectories for platoon-based optimisation[J]. Transportation Research Part C : Emerging Technologies, 2017, 82 : 43-62.

[152] Tang J, Yu S, Liu F, et al. A hierarchical prediction model for lane-changes based on combination of fuzzy C-means and adaptive neural network[J]. Expert systems with applications, 2019, 130 : 265-275.

[153] Kamal M a S, Mukai M, Murata J, et al. Model predictive control of vehicles on urban roads for improved fuel economy[J]. IEEE Transactions on control systems technology, 2012, 21(3): 831-841.

后　记

时光荏苒，岁月如梭。转眼间，本专著历经四年的研究和撰写，终于呈现于读者面前。回首这段科研历程，感慨万千。

道路交通流作为一个大规模、非线性、复杂随机时空动态过程，其管理和优化一直是一个充满挑战且重要的研究领域。通过本书的研究和撰写，我们深刻认识到车联网和自动驾驶技术对未来交通系统的巨大影响。这些技术不仅改变了车辆的运行方式，也为交通管理带来了新的挑战和机遇。通过交通建模、交通监视和交通控制的紧密结合，我们能够更加全面、准确地掌握交通流的动态变化，从而制定更加有效的管理策略，提升整体交通系统的效率和安全性。通过本书，我们希望能为这一领域的研究和实践提供有价值的见解和方法。

本书的完成离不开各位同仁的支持与合作，凝聚着团队成员的智慧和汗水。在项目的实施过程中，我们遇到了许多困难和挑战，但团队成员始终保持着积极乐观的精神，团结协作，攻坚克难，最终取得了满意的成果。在此，我们特别感谢来自宁波大学、浙江大学、北京航空航天大学的所有参与研究的专家、学者以及合作单位的支持与帮助。同时，我们也希望本书能够为相关领域的研究人员和工程实践者提供有益的参考，共同推动交通管理技术的发展和进步。特别感谢陈爱娟、钟良霞、温亦晴等同学，为项目的年度报告、财务管理、资料查询等做了大量细致的工作，使得项目能够顺利开展，取得了预期的效果。衷心感谢国家自然科学基金、国家重点研发计划等项目对本研究的大力资助。感谢王炜、吴建平、Markos Papageorgiou等老师的帮助和鼓励，感谢团队成员叶晓飞、黄正锋、陆丽丽、晏莉颖、陈爱娟、胡永辉、应叶盛、姜磊、陈健冬、郭梦迪、刘砚玥、王京华、王龙、叶芳敏、余向华、张斯钰的辛勤付出和无私奉献。

当然，本研究也存在一些不足之处。由于时间和资源的限制，还有一些问题未能深入研究。希望在未来的研究中，能够进一步完善本研究成果，并将其应用于实际，为解决交通问题做出更大的贡献。

最后，我们希望本书能够引起读者的兴趣，并为他们关于车联网和自动驾驶环境下的交通管理研究和实践带来启发。感谢您的阅读，并期待与您在未来的研究中继续交流与合作。

2024年10月

杭州科达书社 / 出版统筹　设计制作